#WirHANDELN!

Fächerübergreifendes Magazin zum Nachhaltigkeitshandeln

Wilfried Hoppe

Stefan Junker

Inhalt

Erklärvideo zum Magazin

Vorbilder

Inspiration

Tipps

Struktur

#WirHANDELN!

Es gibt sehr viele Menschen, die sich mit ihrem Nachhaltigkeitshandeln für das Erreichen einer besseren Zukunft in der Einen Welt einsetzen. Wir finden sie überall. Mit ihrem Nachhaltigkeitshandeln werden sie zu Gesichtern des Handelns.

In diesem Magazin lernen wir 18 dieser Gesichter des Handelns kennen und erfahren, wie sie handeln und wofür sie sich einsetzen. Das Besondere: Sie alle verfolgen mit ihrem Handeln das gleiche Ziel.

Und wir? Wir werden auch handeln! Wir werden dazulernen, recherchieren, Ideen entwickeln und uns mit Unterstützerinnen und Unterstützern zusammenschließen, um dann auch zu einem Nachhaltigkeitshandeln zu kommen.

Dann können wir sagen: #WirHANDELN! Egal wo – Hauptsache wir handeln jetzt, und zwar gemeinsam! Denn zusammen können wir viel mehr bewegen und erreichen. Wir werden dabei häufig die Medien unserer Zeit nutzen, deswegen #WirHANDELN!

Lasst uns loslegen!
So werden auch wir zu Gesichtern des Handelns!

NÄCHSTE SEITE:
#GesichterDesHandelns

18 Gesichter des Handelns, die für die 17 Sustainable Development Goals (SDGs) und ihre Vernetzung stehen. Wir werden mit diesen 18 Vorbildern mehr über die jeweiligen SDGs erfahren und vor allem weitere Ideen zum Handeln kennenlernen.

Jeremias Thiel `S. 42`

S. 42

1 KEINE ARMUT

Ich will die Stimme für die Ungehörten sein – und zeigen, wie erschreckend normal Armut hierzulande ist. Denn Armut vererbt sich.

Daniel Brühl `S. 46`

2 KEIN HUNGER

Es ist wichtig, dass wir alle Verantwortung für eine Welt ohne Hunger übernehmen. Ich möchte meinen Teil dazu beitragen und unterstütze daher als Botschafter das World Food Programme.

Martin Aufmuth `S. 50`

3 GESUNDHEIT UND WOHLERGEHEN

Unser Ziel ist der Aufbau einer augenoptischen Grundversorgung. Dazu gehört die Ausbildung von Fachkräften und auch, dass die Menschen jederzeit günstig eine neue Brille kaufen können, wenn ihre alte kaputt gegangen ist.

Samia Suluhu Hassan `S. 54`

4 HOCHWERTIGE BILDUNG

Zu meinen ersten Amtshandlungen gehörten die sofortige Besetzung von 6000 offenen Stellen für Lehrerinnen und Lehrer und die Rückkehr schwangerer Mädchen in die Schule.

Ivy Barley `S. 58`

5 GESCHLECHTER-GLEICHHEIT

Als Programmiererin und Sozialunternehmerin aus Ghana bin ich überzeugt: Die Zukunft der Tech-Branche ist weiblich und afrikanisch. Wir geben hier in Ghana IT-Kurse für Frauen und vermitteln sie in Projekte und Jobs.

Ali Al-Hakim `S. 62`

6 SAUBERES WASSER UND SANITÄR-EINRICHTUNGEN

Bis Ende 2022 wollen wir mit unseren WasserKiosken von Boreal Light eine halbe Million Menschen in Afrika und Asien mit Trinkwasser versorgen.

Sanjit Bunker Roy `S. 66`

7 BEZAHLBARE UND SAUBERE ENERGIE

Hört auf die Menschen vor Ort – sie haben all die Lösungen, die es braucht. Im Barefood Collage lernen Frauen, nachhaltigen Strom mit Solarmodulen zu erzeugen und Lampen, Kocher, Parabolspiegel und Solarmodule zusammenzubauen.

Anna Maria Damm `S. 70`

8 MENSCHENWÜRDIGE ARBEIT UND WIRTSCHAFTS-WACHSTUM

#MadeInKenya2019 Ich denke jetzt darüber nach, woher mein T-Shirt kommt und wer mein T-Shirt gemacht hat. Darüber habe ich früher nicht nachgedacht.

Elon Musk `S. 74`

9 INDUSTRIE, INNOVATION UND INFRASTRUKTUR

Es muss Gründe geben, die dich morgens aufstehen lassen und dir Lust am Leben geben. Warum willst du leben? Wo liegt der Punkt? Was inspiriert dich? Was liebst du an der Zukunft?

#WirHANDELN!

10 WENIGER UNGLEICHHEITEN

Miriam Schwartz · S. 78

Wir begeistern Menschen für freiwilliges Engagement. Und zwar so, dass es zu ihrem Leben passt. Beim tatkräftig e. V. lautet daher unser Motto: 1 Team. 1 Tag. 1 Ziel.

11 NACHHALTIGE STÄDTE UND GEMEINDEN

Kate Raworth · S. 82

Heute ist der Startschuss für Amsterdam als weltweit erste Donut-City. Hier wird das globale Konzept des Donut-Modells zum grundlegenden Werkzeug für ein ganz neues Handeln in der Stadt.

12 NACHHALTIGE/R KONSUM UND PRODUKTION

Laure Berment · S. 86

Gemeinsam mit unserer Too Good To Go-Community bestehend aus mehr als 5,5 Millionen Menschen haben wir seit unserer Gründung im Jahr 2016 schon mehr als 8,5 Millionen Mahlzeiten gerettet und damit mehr als 21 250 Tonnen CO_2-Äquivalente eingespart.

13 MASSNAHMEN ZUM KLIMASCHUTZ

Luisa Neubauer · S. 90

Die Klimakrise betrifft die Kinder am allermeisten. Es sind die Kinder, die in den letzten Jahren den großen Unterschied gemacht haben und den Erwachsenen gesagt haben: »So geht es nicht weiter!« Das ist wahnsinnig inspirierend.

14 LEBEN UNTER WASSER

Boris Herrmann · S. 94

Ich hatte schon immer Interesse an politischen und gesellschaftlichen Themen. Die Planung des Labors für die Weltumseglung bei der Vendée Globe 2020/21 startete bereits 2018. Dann folgte das Erstellen des Schulmaterials für unsere Homepage.

15 LEBEN AN LAND

Felix Finkbeiner · S. 98

Wir pflanzen Bäume, weil sie die einzigen natürlichen Maschinen sind, die wir haben, die unser ausgestoßenes CO_2 wieder aufnehmen können.

16 FRIEDEN, GERECHTIGKEIT UND STARKE INSTITUTIONEN

Anne Wizorek · S. 102

Ein Thema, das mich aktuell natürlich besonders beschäftigt, ist das Thema Gewalt im Netz. No-Hate-Speech.de ist da ein wichtiger Schritt. Hätte ich einen Wunsch frei, dann wäre der ganze Hass weg.

17 PARTNER-SCHAFTEN ZUR ERREICHUNG DER ZIELE

Gina · S. 106
Lückenkemper

Meine Patenschaft für Anabella hat nicht nur für mich und das Kind, sondern für die gesamte Gemeinde eine große Bedeutung.

Chris Martin · S. 110

Wie macht man diese 17 Ziele berühmt? Indem man sie so glamourös wie möglich macht, mit sehr prominenten Menschen – mit Global Citizen!

17 Sustainable Development Goals

»Wir können, wir müssen die erste Generation sein, welche die extreme Armut beendet.«

VIDEO:
We the People for the Global Goals

– so beginnt das Video »We the People for the Global Goals«, das am 25. September 2015 auf dem Global Goals Channel erschienen ist. Genau an diesem Tag haben die 193 UN-Mitgliedsstaaten gemeinsam in New York die 17 Weltnachhaltigkeitsziele, die Sustainable Development Goals, unterzeichnet. Erreicht werden sollen diese 17 Ziele innerhalb von 15 Jahren, also bis Ende 2030. Es wird also Zeit zum Handeln!

Besonders eindringlich beschrieben hat dies die britische Verhaltensforscherin Dame Jane Goodall (87): »Wie kommt es, dass die intelligenteste Kreatur, die je auf dieser Erde gewandelt ist, seine einzige Heimat zerstört? Wir messen Erfolg an Geld und Macht statt an dem Leben, was wir führen und dem Guten, was wir tun.

Es ist von entscheidender Bedeutung, dass wir jetzt zusammenkommen und jetzt etwas unternehmen. Sonst ist es zu spät. Wir müssen die Barrieren niederreißen zwischen Menschen unterschiedlicher Nationen, unterschiedlicher Kulturen, unterschiedlicher Religionen, zwischen Jung und Alt, Reich und Arm. Und auch zwischen uns und Mutter Natur.«

Zusammen können wir die erste Generation sein, die dies alles schafft – und zwar, indem wir gemeinsam die 17 Sustainable Development Goals umsetzen. #WirHANDELN!

Dame Jane Goodall

Quelle Zitat: Interview: Hirschhausen trifft die berühmte Affenforscherin Jane Goodall: Das unterscheidet Mensch und Tier. stern, G + J Medien GmbH, Hamburg, 03.04.2019 (eigene Übersetzung) (https://www.stern.de/gesundheit/gesund-leben/hirschhausen-trifft-die-beruehmte-affenforscherin-jane-goodall--das-unterscheidet-mensch-und-tier-7894480.html)

#WirHANDELN!

3 GESUNDHEIT UND WOHLERGEHEN

4 HOCHWERTIGE BILDUNG

5 GESCHLECHTER-GLEICHHEIT

6 SAUBERES WASSER UND SANITÄR-EINRICHTUNGEN

9 INDUSTRIE, INNOVATION UND INFRASTRUKTUR

10 WENIGER UNGLEICHHEITEN

11 NACHHALTIGE STÄDTE UND GEMEINDEN

12 NACHHALTIGE/R KONSUM UND PRODUKTION

15 LEBEN AN LAND

16 FRIEDEN, GERECHTIGKEIT UND STARKE INSTITUTIONEN

17 PARTNER-SCHAFTEN ZUR ERREICHUNG DER ZIELE

ZIELE FÜR NACHHALTIGE ENTWICKLUNG

UN-Hauptgebäude in New York im September 2015

Viele Gesichter des Handelns

9

Mein Weg zum Handeln

Klimagerechtigkeitsaktivistin Luisa Neubauer

\# geboren am 21. April 1996 in Hamburg
\# 2014 Abitur am Marion-Dönhoff-Gymnasium in Hamburg
\# 2015–2020 Geographie-Studium an der Georg-August-Universität Göttingen – Abschluss: Bachelor of Science
\# Engagement in verschiedenen Nichtregierungsorganisationen (NGOs) wie ONE oder 350.org
\# Mitglied Bündnis 90/Die Grünen
\# Mitorganisatorin bei Fridays for Future
\# Veröffentlichung von zahlreichen Artikeln
\# erfolgreiche Mitklägerin gegen das Bundes-Klimaschutzgesetz

»What we do matters!«

Interview mit Luisa Neubauer

#WirHANDELN!

Luisa, dieses Buch trägt den Titel »#WirHANDELN!«. Wie würdest du diese Aufforderung mit Ausrufezeichen kommentieren?

LUISA NEUBAUER: Diesen Titel finde ich super. Ich werbe sehr dafür, dass wir Handeln kollektiv verstehen. Auf jeder Podiumsdiskussion, auf der ich war – und das waren viele –, referiere ich ja über den Klimawandel und Fridays for Future. Und am Ende des Tages ist die Abschlussfrage in die Runde: Und, was kann jeder Einzelne so machen? Man zielt oft darauf ab, dass wir jetzt – wo wir das alles wissen – im Supermarkt die Welt retten, aber auch nur dort die Welt retten und auf dem Fahrrad in die Zukunft radeln. Und ich fand das so interessant: Die ganze Zeit sprechen wir von globalen Herausforderungen.

Aber wenn es dazu kommt, was wir daraus machen, wird das so reduziert auf mich als Einzelperson, die jetzt nicht in einem Kollektiv wirken kann. Was bei diesem Handeln so interessant ist, ist die Frage: Wie schaffen wir es, Handeln zu verbinden, Menschen zu vernetzen, dass unsere Handlungen größer werden mit uns und dass irgendwann unsere Taten eine Wucht haben, die mithalten kann mit der Wucht der Realität, mit der Wucht der Weltbewegung? Wir haben dann in unserem Buch geschrieben: Organisiert euch! Wir glauben wirklich, dass es das organisierte Handeln ist, worauf es ankommt.

Welche Rollen spielen für dich die SDGs, um mehr zu einem echten Handeln zu kommen?

Es ist so etwas Historisches, dass man sich als Weltgemeinschaft auf solche Ziele geeinigt hat, die einfach nur gut und richtig sind, weil sie zum Wohl der Menschen und der natürlichen Umwelt beitragen.

Das ist außergewöhnlich in einer Welt, die nur profitorientiert ist. Ich glaube, dass heute eine Einigung auf die SDGs deutlich schwieriger wäre.

Für welche Themen hast du als Schülerin gebrannt?

Normalerweise ist man in der Schule mit den Themen beschäftigt, die nah an einem dran sind. Wo kommt das Schulessen her? Wie sieht der Schulgarten aus? Was passiert mit dem Müll? Wie digitalisiert sind wir? Ich hatte da großes Glück. Ich war in der Oberstufe im Geographie-Profil und da haben wir uns mit den großen Fragen beschäftigt. Ich hatte also ganz schnell eine Irritation, eine Entrüstung und eine Faszination für globale Fragen entwickelt. Wir hatten eine Partnerschule in Namibia. Es ging also auch ganz viel um globale Entwicklung. Wir waren auch vor Ort und haben uns dort ganz viel mit den jungen Menschen aus unserer Partnerschule beschäftigt – mit deren Umfeld, deren Alltag, deren Leben und deren Zukunftsperspektiven.

> »Organisiert euch! Wir glauben wirklich, dass es das organisierte Handeln ist, worauf es ankommt.«

Welche große Frage ist bei dir besonders hängen geblieben?

Die Frage nach Klima und Gesundheit. Wir waren in der Oberstufe bei unserer Partnerschule in Namibia zu Besuch und haben uns mit dem Umfeld, dem Alltag, dem Leben und deren Zukunftsperspektive beschäftigt. Dort ist der Uranabbau sehr groß. Die Wohlhabenderen von den jungen Menschen erzählten uns, dass der Preis für ihren Wohlstand das frühe Sterben ihrer Väter sei, da diese im Uranabbau arbeiten. Das hat mich schockiert und war mir nicht bewusst. Es machte klar, dass wir Leben und Gesundheit zusammen verstehen müssen.

Was hat dich angetrieben zu handeln?

2013/14 habe ich bei »Jugend debattiert« mitgemacht. Es ging um die Frage, ob Plastiktüten verboten werden können. Das war damals eigentlich undenkbar. Dann habe ich Zahlen herausgesucht und mich gefragt: Warum beenden wir das nicht mit den Plastiktüten? Das hat mich sehr nachdenklich gemacht über die politischen Instanzen. Und es war total wichtig zu verstehen, dass Politik nicht immer ist, das Richtige und Wichtige zur richtigen und wichtigen Zeit auch umzusetzen.

Wann hast du dich zum ersten Mal richtig für eine Sache engagiert?

Beim Handeln würde ich zwei Dimensionen der Selbstwirksamkeitserfahrung unterscheiden: Die eine ist, wenn man sich im Klassen- oder Jahrgangsverband engagiert. Für unsere Namibiafahrt hatten wir Spenden gesammelt, zum Beispiel haben wir in einem Altersheim gesungen. Nach dem Auftritt fragte meine Mutter mich, wie es dazu kam. Ich erzählte ihr, dass ich die Idee hatte und mich dafür eingesetzt hatte, dass wir es auch machen. Da ist mir aufgefallen: Wenn ich diese Initiative nicht ergriffen hätte, dann wäre das so nicht passiert.

Die andere ist eine noch viel größere Dimension. Mein erstes großes Engagement war in meiner Kirchengemeinde. Als Jugendleiterin habe ich die Konfirmationsausbildung mitgemacht. Es war sehr interessant, so einen Multiplikatoreneffekt zu erleben. Es war nicht nur eine Aktion, sondern man ist für ganz viele Menschen verantwortlich.

Erst im Studium habe ich Handeln in einer politischen Tragweite erlebt. In meiner Studentenstadt Göttingen haben wir mit 5–8 Leuten eine Fossil Free Gruppe gegründet, d. h., die Stadt Göttingen sollte ihre Kapitalanlagen nicht in Kohle, Öl und Gas investieren.

Tatsächlich hat das geklappt. Wir haben mehrere hundert Millionen Euro bewegt. Das war ein Moment, wo ich dachte: So groß kann der eigene Einfluss sein.

Was hast du vor allem aus den ersten Engagements mitgenommen?

Wenn man nicht von der eigenen Relevanz überzeugt ist, kann man auch niemanden überzeugen sich anzuschließen. Ein wichtiger Schritt ist zu wissen, dass man ganz viel nicht weiß. Wir haben dann immer Leute eingeladen, die uns erzählt haben, was man jetzt machen könnte.

Wann hast du angefangen, dich näher mit der Klimakrise zu beschäftigen?

In der Schule war die Klimakrise ein Thema, das in der Prioritätensetzung eingereiht wurde. 90 Minuten und nächste Woche 90 Minuten Vulkane. Erst im Studium sagten Forscherinnen und Forscher: Wir haben es komplett unterschätzt und sind richtig schockiert. Das war für mich ein entscheidender Moment, dass ich wusste, wir sind in einer planetaren Krise. Sich der Größe und der Gefahr dieser Krise bewusst zu machen, war ein ganz entscheidender Schritt.

Der dritte Moment war, dass mir klar wurde, dass sich gerade jetzt niemand in einer angemessenen Art und Weise darum kümmert – auch die Politik nicht. Deutlich wurde mir das bei der Wahl um den CDU-Vorsitz 2018, bei der niemand die Klimakrise thematisierte – weder die Politik noch die Presse.

Wie hast du angefangen, dich im Kontext Klimakrise zu engagieren?

2018 war die Diskussion um den Hambacher Forst. Dabei wurde die Generationenfrage gar nicht beleuchtet. Was ist eigentlich mit uns jungen Menschen, die die Konsequenzen der Entscheidungen von heute austragen werden müssen? Damals war ich in einer G7-Jugenddelegation von Deutschland. Ich würde immer empfehlen, sich für Ämter zu bewerben.

Ich und andere haben damals einen offenen Brief an den Bundespräsidenten verschickt, den über 100 Organisationen unterschrieben haben. Und das war es dann. Ich fragte mich dann, wieso können die es eigentlich so ignorieren.

Da wurde mir klar: Mich kannst du ignorieren, aber nicht viele Menschen. Um etwas zu verändern, braucht es also Menschen, die Botschaften transportieren. Auf der Weltklimakonferenz in Katowice lernte ich Greta kennen. Hinterher dachte ich: Okay, bevor das jetzt niemand macht, dann mache ich das.

Was hat dich bestärkt nicht aufzugeben?

Wenn man sich klar macht, dass man das vor allem für die Gegenwart

anderer macht. Ich wüsste gar nicht, wie ich denen erklären soll, dass ich aufgehört habe. Wir haben der Klimakrise ein Gesicht gegeben und es den Menschen unmöglich gemacht, uns zu ignorieren. What we do matters! Wir sind so gewichtig. Früher hat man gesagt: Was für eine Welt werde ich meinen Enkeln hinterlassen? Heute denke ich: Was wird in 5–10 Jahren sein? Das ist die Zeit, in der wir denken, denn das ist die Klimakrise. Wir werden uns im Laufe unseres Lebens dieser Frage stellen müssen und dann möchte ich sagen, dass ich wirklich alles gemacht habe, was in meiner Macht steht und vielleicht ein bisschen mehr.

Was würdest du Schülerinnen und Schülern mit auf den Weg geben, die sich engagieren wollen?

Wir haben ein Recht auf eine eigene und sichere Zukunft. Dieses Recht wird uns genommen. Und hinzukommt: Wir sind, wenn wir uns ein bisschen auskennen, nicht immer, aber immer wieder die mit der meisten Ahnung von der Faktenlage im Raum.

Und wir jungen Menschen sollten uns nicht so oft von älteren Menschen einschüchtern lassen, zumal deren Generation kollektiv dafür verantwortlich ist.

Wie können Schülerinnen und Schüler ihr Anliegen sichtbar machen?

Drei Tipps fallen mir dazu ein: Erstens: In der Regel möchte man ein Defizit beheben. Darüber kann man sprechen oder schreiben und zwar nicht nur: Das ist der vertrocknete Bach. Sondern: Hey, das bin ich und der vertrocknete Bach und ich

kümmere mich darum. Wir machen uns bewusst, dass unsere Geschichten so wichtig sind, dass jemand darüber schreibt, Fotos teilt, sichtbar macht, was ist das Problem und warum habe ich damit ein Problem.

Der zweite Tipp ist, dass man sich überlegt: Wer sind meine natürlichen Partnerinnen und Partner? Für die meisten Probleme gibt es schon Menschen, die sich gerade ein bisschen darum kümmern. Es lohnt sich, sich zusammenzutun. Wer hat z. B. eine Plattform? Zum Beispiel: Du hast eine Sache, die dich beschäftigt, die du ändern möchtest. Vielleicht willst du auf der nächsten Fridays for Future Bewegung eine Rede halten und so auf ein Problem aufmerksam machen. Anschließend kannst du dann mit einem lokalen Journalisten reden, weil du ja eine Rede gehalten hast. Man kann also gucken: Wer hat eine Plattform, die über ein Thema aufklärt und könnte ich mich da anschließen? Könnte ich das nicht nutzen? Können wir da eine Zusammenkunft finden?

Der dritte Tipp ist: Wie schaffe ich es, andere Leute zu begeistern? Habe ich Freunde, die mitmachen wollen? Möchte ich Flyer aushängen?

Wir haben das damals gemacht. Wir haben an der Uni Flyer ausgehängt und haben gesagt: Das ist unsere Gruppe, willst du mitmachen? Dann komme an dem Tag zu uns, es gibt Snacks und wir stellen dir unser Anliegen vor. Die Schritte müssen nicht hintereinanderkommen. Aber man guckt, wo sind die Leute, die zusammenkommen können. Dann wird man mehr und kann größere Sachen machen. Dann kann man nicht nur eine Rede halten, sondern etwas Größeres organisieren.

Dann kann man nicht nur mit einem Journalisten reden, sondern kann gleich mehrere Pressevertreter einladen und sagen, wir gehen jetzt alle zu dem Bach und schauen uns das an und klären darüber auf, nehmen dann noch jemanden von der Uni mit, der dann wissenschaftlich darüber spricht.

Wie gehst du mit der Herausforderung Alltagshandeln um?

Ich ernähre mich zum Beispiel vegan, aber ich finde das darf nicht der Anspruch an eine Klimaaktivistin sein,

PODCAST:
Podcast 1,5 GRAD – von und mit Luisa Neubauer

\# Stefan Rahmstorf – Wie nach ist die Katastrophe?
\# Großmutter – Was macht uns zu Aktivistinnen?
\# Rezo – Wie werden wir uns unserer Verantwortung bewusst?
\# Carola Rackete – Warum ist ziviler Ungehorsam so wichtig?
\# Bernd Ulrich – Was bringt 2021?
\# Imeh Ituen – Was hat Rassismus mit der Klimakrise zu tun?
\# Carolin Kebekus – Lass uns träumen!
\# Eckhart von Hirschausen – Was hat die Klimakrise mit der Pandemie zu tun?
\# Henning May – Hast du Hoffnung?
\# 3 Ökotipps, mit denen wir das Klima retten... nicht!

dass sie sich vegan ernährt. Ich habe für mich festgestellt, dass vegane Ernährung nach heutigem Stand eine der gesündesten Art ist sich zu ernähren. Ich bin nicht gut darin, Essensentscheidungen zu fällen, d.h., ich habe immer eine eingeschränkte Auswahl.

> **»... dann möchte ich sagen, dass ich wirklich alles gemacht habe, was in meiner Macht steht und vielleicht ein bisschen mehr.«**

Mit viel Obst und Gemüse geht es ganz gut. Die andere Sache ist: Ich bin viel in der Öffentlichkeit unterwegs. Ich werde viel fotografiert. Ich bin viel in Talkshows. Ich habe relativ wenig Klamotten. Und in der Tat ist es auch so, dass ich möchte, dass die Menschen sehen, dass ich nicht für jede Talkshow, in der ich bin, mein T-Shirt wechsle. Ich ziehe also nicht jedes Mal etwas Neues an, weil ich denke, dass viele junge Menschen mich sehen.

In Sachen Fortbewegung fliege ich gerade gar nicht. Ich fahre sehr viel Bahn, was sehr teuer ist, vor allem international. Da achte ich dezidiert darauf. Ich wurde zu Vorträgen auf jedem Kontinent eingeladen und da bin ich natürlich auch geflogen. Ich finde aber auch da, dass wir die Klimafrage nicht allein, sondern nur gemeinsam lösen können.

Deswegen denke ich, dass ein ökologisch gesundes Leben total glücklich machen kann, aber das ist auch ein Privileg. Und solange das ein Privileg ist, müssen wir etwas ändern. Wir brauchen Milliarden Menschen, die sich dafür einsetzen, dass wir aus den fossilen Energien herauskommen, den Fleischkonsum revolutionieren,

die Bahnschienen ausbauen auf der Welt – sprich wenn sich Milliarden Menschen damit beschäftigen und nicht mit ihrer Kaufentscheidung im Gewürzregal, dann bin ich mehr als d'accord damit.

#WirHANDELN! – aber nachhaltig!

Nachhaltigkeit – wir sagen ja!

\# Wir sehen Ökologie, Ökonomie und Soziales vernetzt
miteinander und als gleichberechtigt an.
→ Ökonomie darf weder auf Kosten der Ökologie wirt-
schaften, noch auf Kosten des Sozialen.
\# Und: Nachhaltigkeit ist mehr als nur das 3-Säulen-Modell:

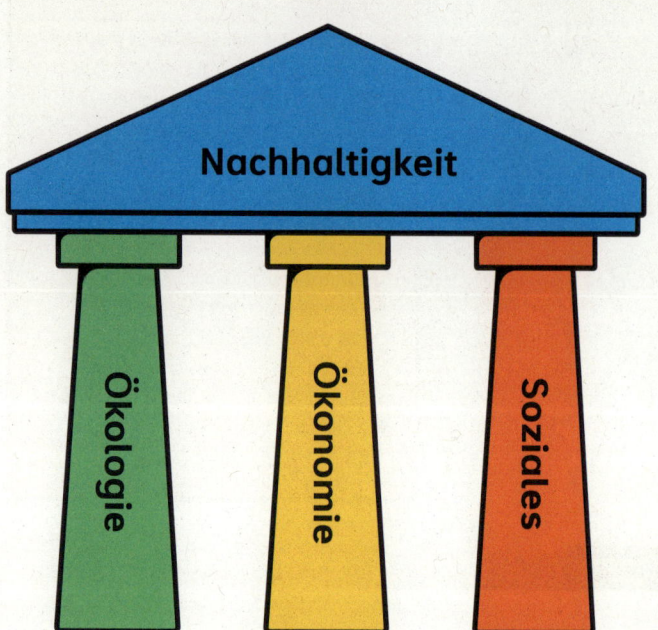

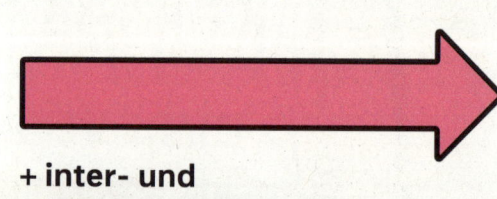

**+ inter- und
intragenerationelle
Gerechtigkeit**

Gerechtigkeit in der Einen Welt

Wir handeln nachhaltig!

Und damit verhalten wir uns gerecht gegenüber
\# der hier und anderswo gerade lebenden Generation
\# und gegenüber den auf uns folgenden Generationen.

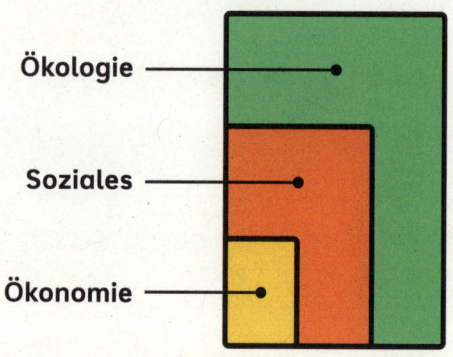

Ökologie

Soziales

Ökonomie

Eine Schülermeinung:

»Dies ist mein Lieblingsmodell zur Nachhaltigkeit,
da hier Ökologie den anderen Dimensionen
übergeordnet wird: Ökologie ist ja die Bedingung
für Ökonomie und Soziales.«

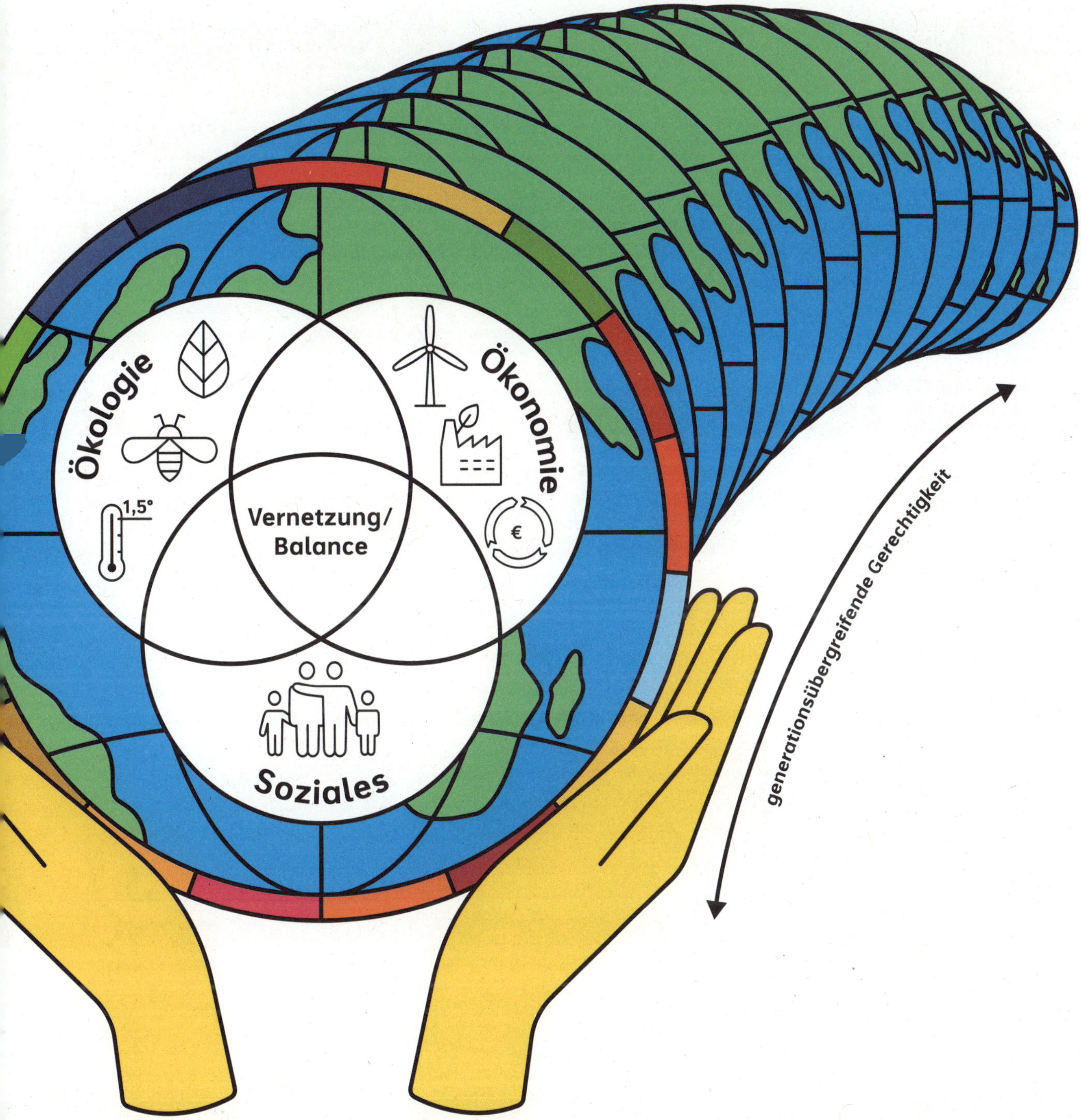

Ökologie

Ökonomie

Vernetzung/ Balance

Soziales

generationsübergreifende Gerechtigkeit

Die fünf »P« sind die Fundamente der UN-Nachhaltigkeitsziele. Sie können auch unser Nachhaltigkeitsverständnis ergänzen.

People
→ Menschen handeln nachhaltig,
Planet
→ weil es nur für alle diese Eine Welt gibt,
Prosperity
→ in der wir alle in Wohlstand
Peace
→ und Frieden leben wollen.
Partnership
→ Dafür setzten wir uns partnerschaftlich ein!

Peace

Planet

Partnership

Sustainable Development

People

Prosperity

#WirHANDELN! Wir setzen uns ein wichtiges Ziel: Wir wollen handeln und zwar nachhaltig im Sinne der 17 Weltnachhaltigkeitsziele der Vereinten Nationen, der Sustainable Development Goals (SDGs). Unser Ziel ist es nicht, eine gute Klassenarbeit zu schreiben, sondern mit unserem Handeln unsere Zukunft nachhaltig mitzugestalten. Am »#« wird deutlich, dass wir das nachhaltige Handeln gemeinsam vorbereiten und durchführen wollen. Dabei werden uns das Internet und auch die sozialen Medien helfen.

Wir werden bei #WirHANDELN! nicht eine Reihe von Aufgaben abarbeiten, sondern auf Grundlage von sechs Schritten unsere eigenen Ideen gemeinsam mit anderen umsetzen. Wir entscheiden selber, was für Ideen wir umsetzen wollen, mit wem wir zusammen handeln wollen und wie wir dabei ganz genau vorgehen wollen.

Vorher werden wir aber jeweils Menschen kennenlernen, die bereits im Sinne der SDGs handeln. Dabei handelt es sich um die #GesichterdesHandelns. Menschen unterschiedlichen Alters, Geschlechts, aus verschiedenen Ländern, ja sogar aus verschiedenen Kontinenten.

Doch sie alle haben eines gemeinsam – das Ziel, unser Ziel: Sie setzen sich für eine bessere und nachhaltigere Zukunft im Sinne der SDGs ein, indem sie handeln. Im dritten Kapitel erzählen sie uns von ihren Projekten und Erfahrungen. Sie geben uns Tipps und können uns vielleicht sogar zu neuen Ideen inspirieren. Sie können uns Mut machen und Vorbilder für uns sein.

In diesem Kapitel erfahren wir, wie wir zum Handeln kommen können. Wir lernen Methoden, Strukturen und weitere Tipps kennen, die uns helfen können, unsere Ideen zu unserem Ziel auch entsprechend unseren Vorstellungen umzusetzen. Kurzum, wir dürfen lernen und erfahren, wie wir – auch mithilfe von Social Media und Apps – entlang der SDGs aktiv Verantwortung für eine nachhaltige Zukunft übernehmen.

In 6 Schritten von der Neugierde zum Nachhaltig- keitshandeln

Wie kommen wir nun vom Wissen zum nachhaltigen Handeln?

Diese Frage ist eigentlich gar nicht richtig gestellt. Vielmehr müsste sie lauten: Wie kommen wir zunächst zu einem relevanten Wissen und danach zum Handeln? Im Wesentlichen werden wir dabei die folgenden 6 Schritte gehen:

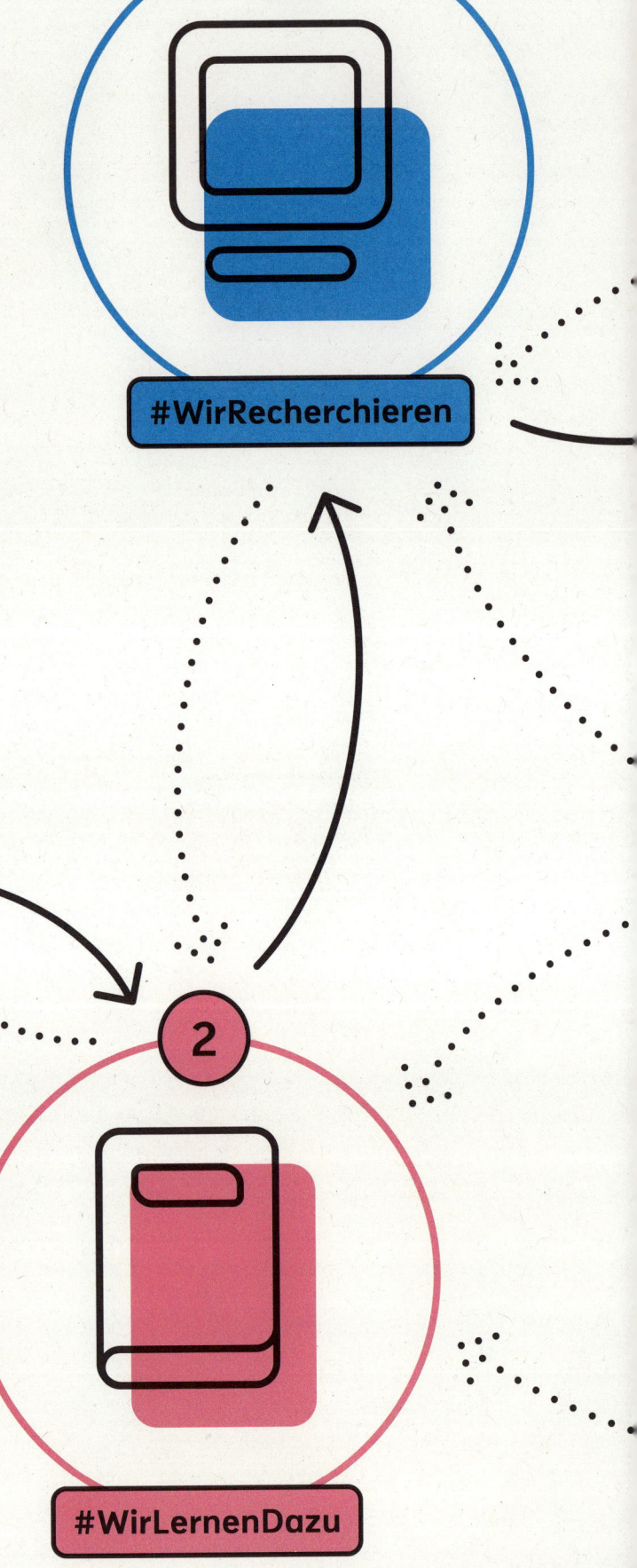

3 #WirRecherchieren

1 #WirWerdenNeugierig

2 #WirLernenDazu

#WirHANDELN!

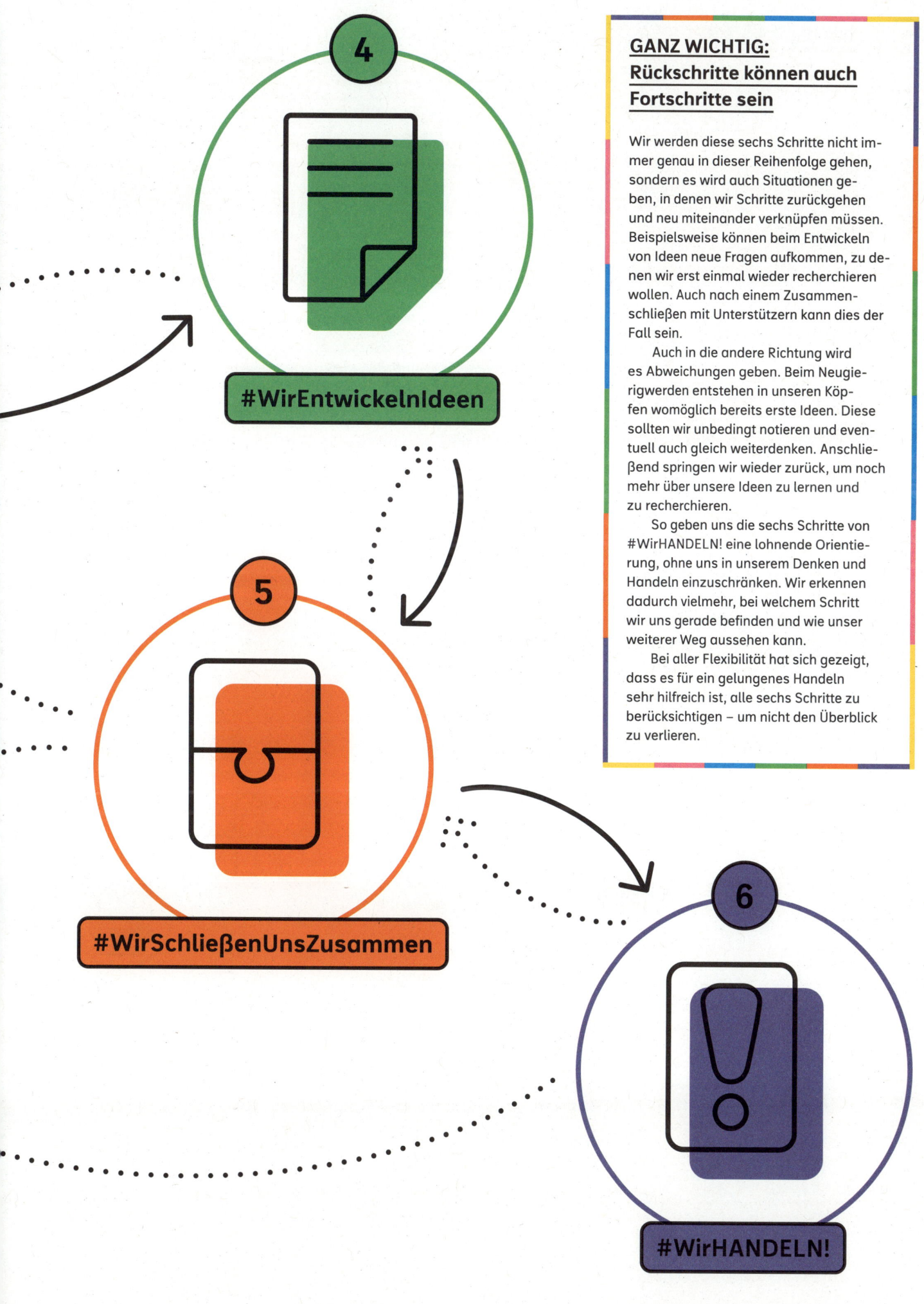

4

#WirEntwickelnIdeen

5

#WirSchließenUnsZusammen

6

#WirHANDELN!

Starthilfe

Als Starthilfe für die 6 Schritte finden wir hier Fragen, die uns weiterhelfen können. Nicht immer werden wir alle Fragen benötigen und natürlich können wir uns auch noch weitere Fragen stellen.

#WirWerdenNeugierig

... wie wir unsere Welt nachhaltiger gestalten können.

Was fällt uns spontan dazu ein?
Was für Gedanken und Gefühle begleiten uns?
Welche Informationen haben wir darüber?
Was wissen wir bereits?
Auf was für Erfahrungen bzw. Erlebnisse können wir zurückgreifen?
Was interessiert uns vor allem daran?
Was sind unsere Fragen?

#WirLernenDazu

... wie wir unsere Welt nachhaltiger gestalten können.

Was erscheint uns und anderen besonders wichtig?
Wie visualisieren wir das Gelernte sinnvoll?
Was haben wir Neues gelernt?
Was wissen wir noch nicht?
Was müssen wir unbedingt noch wissen?
Wer kann uns dabei weiterhelfen?
Was sagen Expertinnen und Experten dazu?
Wo können wir Informationen finden?
Was sind unsere Fragen?

#WirRecherchieren

... wie wir unsere Welt nachhaltiger gestalten können.

Wie gehen wir bei der Recherche vor?
Welche Influencerinnen und Influencer gibt es?
Welche Expertinnen und Experten bzw. Einrichtungen/Organisationen fragen wir?
Wie überprüfen wir Informationen?
Wie unterscheiden wir zwischen Fake News und richtigen, zumindest glaubhaften Informationen?
Was haben wir herausgefunden?
Was wissen wir noch nicht?

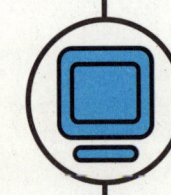

#WirHANDELN!

#WirEntwickelnIdeen

... wie wir unsere Welt nachhaltiger gestalten können.

Wie gehen wir vor? (Brainstorming, SWOT-Analyse etc.)
Welche Ideen fallen mir spontan ein?
Welche Ideen fallen mir nach Überprüfung mit dem bisher Gelernten ein?
Was sind meine Top-Ideen? Was sind unsere Top-Ideen?
Welche Idee(n) wollen wir umsetzen?
Was wissen wir noch nicht?

#WirSchließenUnsZusammen

... um unsere Eine Welt nachhaltiger gestalten zu können.

Wer könnte uns unterstützen?
Wen sollten wir unbedingt für uns gewinnen?
Wie gehen wir bei der Kontaktaufnahme vor?
Wie und wann rufen wir an?
Wie und wann starten wir?
Welche Social Media nutzen wir?
Wie wollen wir uns als Team miteinander austauschen (Plattform)?

#WirHANDELN!

... um unsere Eine Welt nachhaltiger zu gestalten.

Was genau wollen wir machen?
Was ist unser Ziel?
Welche Form des Handelns wollen wir umsetzen?
Wie lautet unser Ziel ganz genau? (SMART-Methode)
Wie sieht unser Umsetzungsplan aus?
Wer übernimmt welche Aufgabe(n)?
Wann und wie treffen wir uns mit unseren Unterstützerinnen und Unterstützer?
Welche weitere Unterstützung benötigen wir?
Wie machen wir auf unser Handeln aufmerksam?
Wie überprüfen wir unser Handeln?

UNSERE ERKENNTNISSE:
Starthilfe als beschreibbare PDF-Datei

Wir werden viele lohnende Erkenntnisse auf unserem Weg zum Handeln sammeln. Damit diese nicht verloren gehen, notieren wir sie regelmäßig.

Unter dem QR-Code finden wir zu den 6 Schritten jeweils einen Notizzettel. Die PDF-Datei ist auch digital beschreibbar – speichern nicht vergessen!

Tipps zu den sechs Schritten des Handelns

Und wie kommen wir nun zum Nachhaltigkeitshandeln? Auf dieser und den folgenden Seiten finden wir viele Tipps und Anregungen – farblich sortiert nach unseren sechs Schritten des Handelns. Wir suchen uns also die Tipps aus, die uns weiterhelfen.

#WirWerdenNeugierig

Wieso, weshalb, warum? Kleine Kinder kommen als Entdecker und Erforscher auf die Welt – sprich, sie sind neugierig. Diese Neugier sollten wir uns erhalten oder – wenn wir merken, dass sie ein wenig verschütt gegangen ist – sie wieder aufleben lassen.

Die Welt ist voller interessanter und lohnender Fragen. In diesem ersten Schritt erfahren wir etwas Neues. Wir werden mit Zahlen, Daten und Fakten, Meinungen, Unbekanntem oder Widersprüchlichem konfrontiert. Für die weiteren Schritte ist es hilfreich, sich bewusst zu machen, was wir bislang über das Thema wissen.

Um gemeinsam handeln zu können, ist Neugier eine ganz wichtige Haltung. Neugierig sein auf Mitmenschen, auf neue Orte, auf neue Themen, auf neue Ideen, auf neue Initiativen, auf neues Handeln. Zu dieser Haltung gehört daher auch, dass wir auf andere Menschen zugehen und dass wir Augen und Ohren offenhalten.

In einer sich immer schneller wandelnden Welt wird Neugier immer wichtiger. Wenn wir viel wissen, verstehen wir neue Dinge besser und können sie leichter einordnen.

BLEIB NEUGIERIG

Das Wissen auf unserem Planeten war noch nie so groß wie heute und es nimmt ständig zu. Gleichzeitig haben sogenannte Fake News stark zugenommen. Damit wir kompetent und verantwortungsvoll handeln können, müssen wir gut über das Thema informiert sein.

Ziel ist es daher, dass wir uns bewusst machen, was wir bereits zu diesem Thema wissen und – was noch viel wichtiger ist – was wir noch nicht wissen, aber unbedingt wissen wollen. Wir können nicht alles wissen, aber wir können dazulernen.

In Kapitel 3 finden wir zu 18 Themen wichtige Informationen, mit denen wir uns einen ersten Überblick verschaffen können.

Um diesen Überblick sichtbar zu machen, gibt es folgende Visualierungsmöglichkeiten:

Mind Map zum Ordnen und Strukturieren
Wirkungsgefüge zur Darstellung wichtiger Zusammenhänge
Concept Map zur Darstellung der Komplexität.

Auch später kann das Strukturieren oder Kategorisieren des erworbenen Wissens uns dabei helfen, einen besseren Überblick zu bekommen und Zusammenhänge leichter zu verstehen.

Erstellen einer Concept Map: Beispiel SDG 4 »Bildung – auf die Frauen kommt es an« (vgl. S. 54–57)

1. Hauptkonzept (Hauptidee) formulieren: Nachhaltige Entwicklung durch Umsetzung des SDG 4 in Tansania

2. Konzepte als »verwandte Ideen« in Reihenfolge auflisten: Plan/Absicht des SDG 4, Verfassung: Recht auf Bildung für alle, Maßnahmen der Regierung/der Präsidentin, Schulsystem, Auswirkungen einer guten Schulbildung junger Frauen, demographischer Bonus, demographische Dividende (SDG 8), Schul-Partnerschaften, #Wirhandeln! (SDG 17 Partnerschaften in der Einen Welt)

3. Übertragen der Konzepte z. B. auf einzelne Karten, Anordnen der Karten ggf. auf der Tafel/Pinnwand

4. Verbindungslinien zwischen den Konzepten mit erklärenden Worten versehen

5. Gibt es Verbesserungsmöglichkeiten (z. B. Umstellung/Ergänzung der Konzeptkarten, besser erklärende Verbindungswörter)?

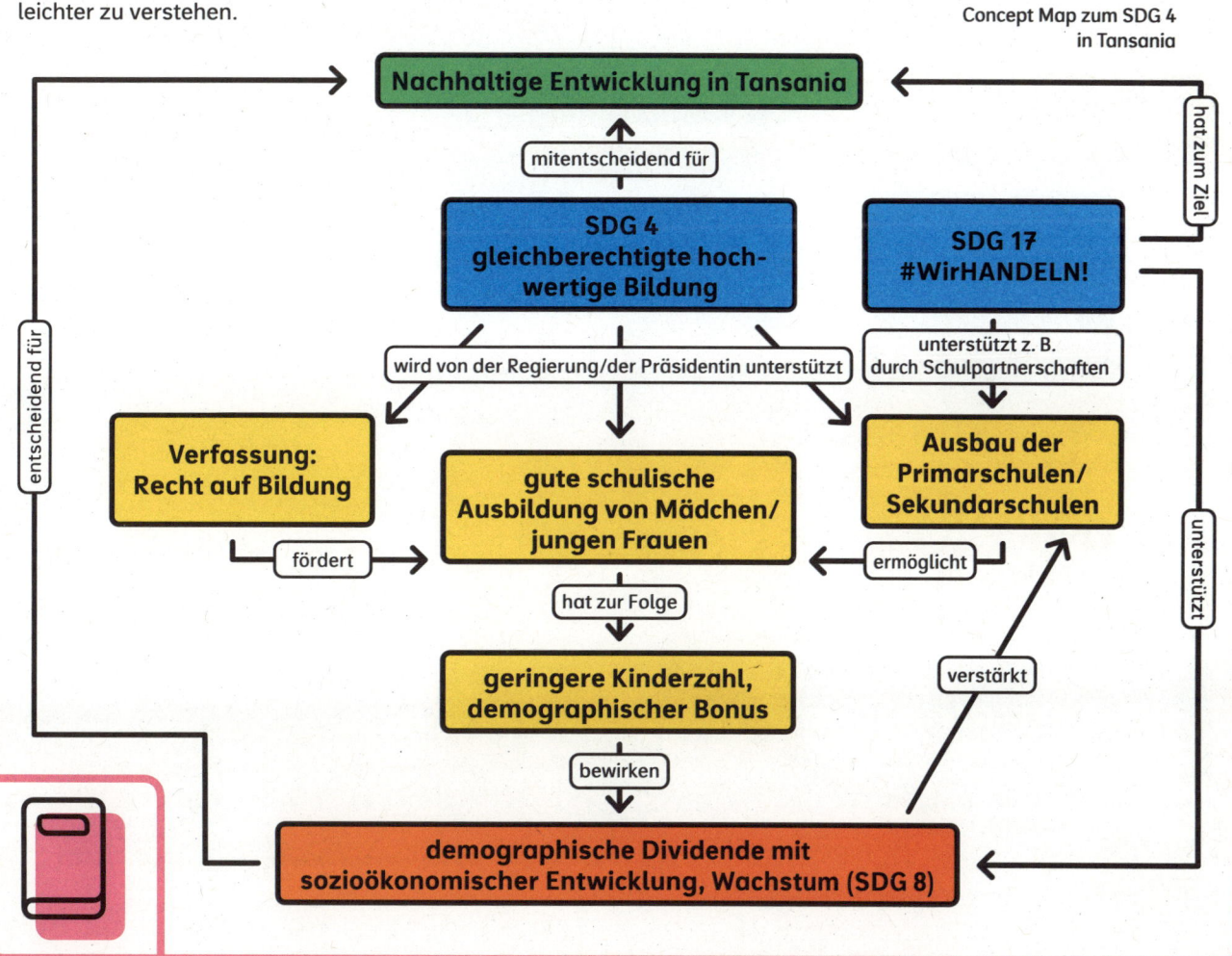

Concept Map zum SDG 4 in Tansania

Wir wollen Antworten auf unsere Fragen. Dazu benötigen wir weitere Informationen. Möglichkeiten, an Informationen zu gelangen:

eine **Internetrecherche** durchführen, um einen lohnenden Überblick zu bekommen oder einzelne Dinge zu vertiefen

Expertinnen und Experten kontaktieren, um im Gespräch Antworten zu bekommen und neue Fragen stellen zu können

Institutionen oder Einrichtungen kontaktieren, die sich mit dem Thema beschäftigen.

Internetrecherche

Welche Informationen fehlen uns? Zunächst einmal ist es wichtig, dass wir uns bewusst machen, was wir nicht wissen bzw. was wir wissen wollen. Das kann entweder ein erweiterter Überblick oder aber auch ein ganz konkreter Punkt sein. Das Internet bietet uns eine riesige Menge an Informationen, doch längst nicht alles Wissen ist dort zu finden, erst recht nicht kostenlos. Zudem werden wir immer wieder auf widersprüchliche Informationen stoßen. Um schnell gute Treffer zu erzielen, sind Recherchestrategien hilfreich.

Überblick

Hierbei helfen uns zunächst Internet-Lexika wie Wikipedia. Die Einträge sind an sich schon sehr informativ. Eine wahre Schatzkiste können die Links am Ende sein. Dort werden nämlich die Quellen für die Einträge aufgeführt. Das kann zu einem Schneeballsystem führen. Um möglichst viele Informationen zu finden, geben wir den Begriff auf jeden Fall auch noch einmal auf der englischsprachigen Wikipedia-Seite ein. In der Regel erhalten wir so noch mehr und auch aktuellere Informationen. Gegebenenfalls kann auch der Eintrag in der jeweiligen Landessprache lohnend sein.

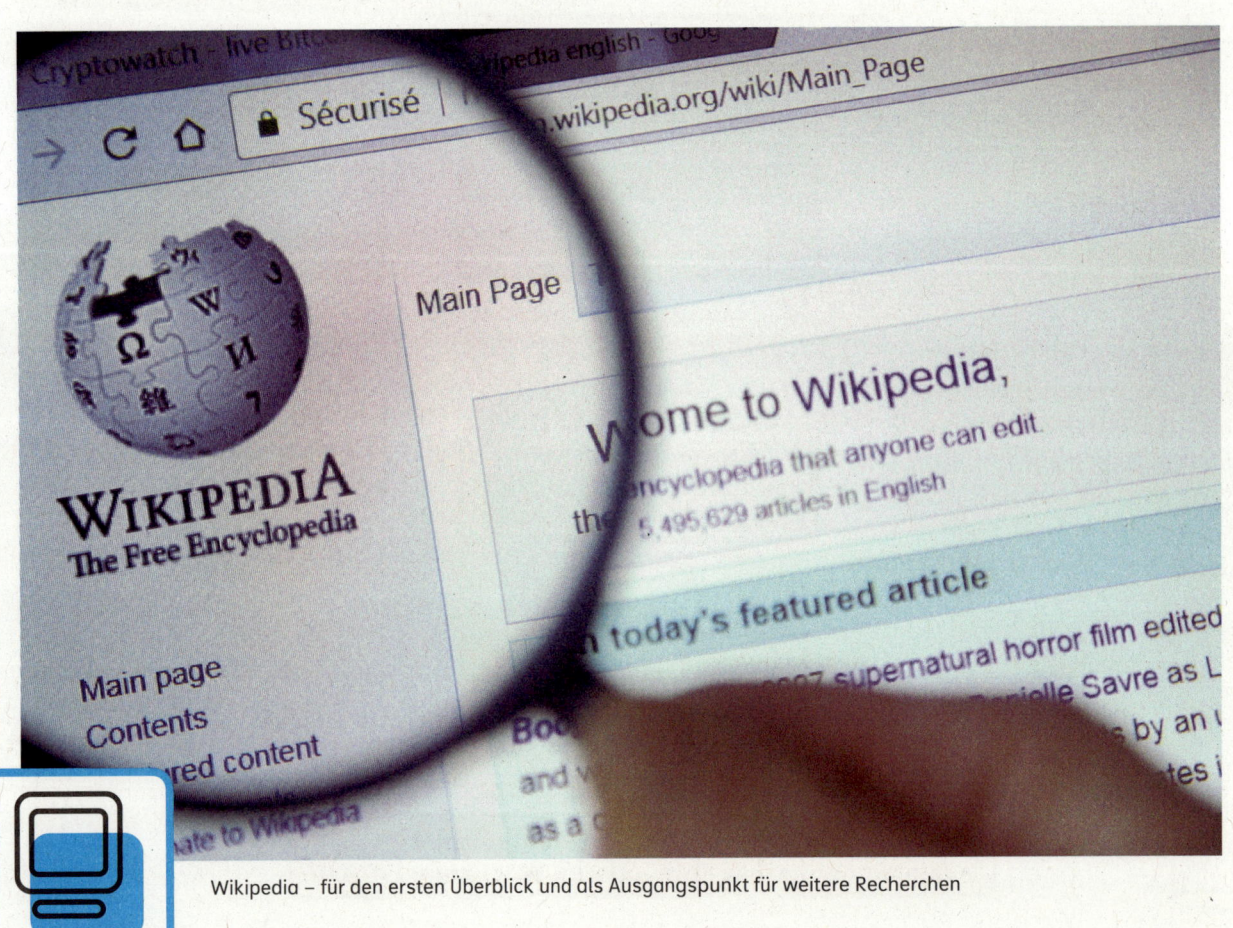

Wikipedia – für den ersten Überblick und als Ausgangspunkt für weitere Recherchen

Youtuber und Influencer Rezo

Social Media Influencerinnen und Influencer

Auf unseren Social-Media-Kanälen wie Insta, Tik Tok, Twitter, Youtube oder Facebook kennen wir viele Influencerinnen und Influencer. Oft folgen wir Menschen, die uns über unsere Hobbies, Musik usw. informieren. Mittlerweile finden sich zu fast allen aktuellen Themen Social Media Influencerinnen und Influencer.

Bei einer Recherche Influencerinnen und Influencer zu nutzen, hat viele Vorteile:

+ Die Informationen werden meist verständlich in kurzer Zeit auf den Punkt gebracht.
+ Viele Influencerinnen und Influencer veranschaulichen ihre Botschaften.
+ Oft zeigen sie bereits konkrete Möglichkeiten zum Handeln auf.
+ Die Influencerinnen und Influencer sprechen uns persönlich an.
+ Durch das Folgen der Influencerinnen und Influencer erhalten wir weitere Informationen.

Bei Influencerinnen und Influencern müssen wir aber auch vorsichtig sein. Folgende Fragen sollten wir uns daher stellen:

– Werden die Influencerinnen und Influencer von Unternehmen unterstützt und sind daher nicht objektiv? Viele Unternehmen sponsern mittlerweile Influencerinnen und Influencer, damit sie für die Unternehmen Werbung machen.
– Werden Quellen für die Behauptungen gezeigt oder wird darauf verwiesen?
– Wann wurde die Botschaft aufgenommen? Ist sie noch aktuell?
– Werden Begründungen mit Zahlen, Daten und Fakten genannt?
– Wie ist die Sprache? Handelt es sich um sachliche Informationen oder wird bereits beispielsweise durch Adjektive schon eine gewisse Richtung vorgegeben?

Grundkurs Desinformation

Wie werden Desinformationen erzeugt? Im Wesentlichen gibt es fünf Tricks:

\# Pseudo-Experten
\# Logik-Fehler
\# unerfüllbare Erwartungen
\# Rosinenpickerei
\# Verschwörungsmythen.

Diese Tricks werden als P-L-U-R-V-Methode zusammengefasst. Mehr dazu:

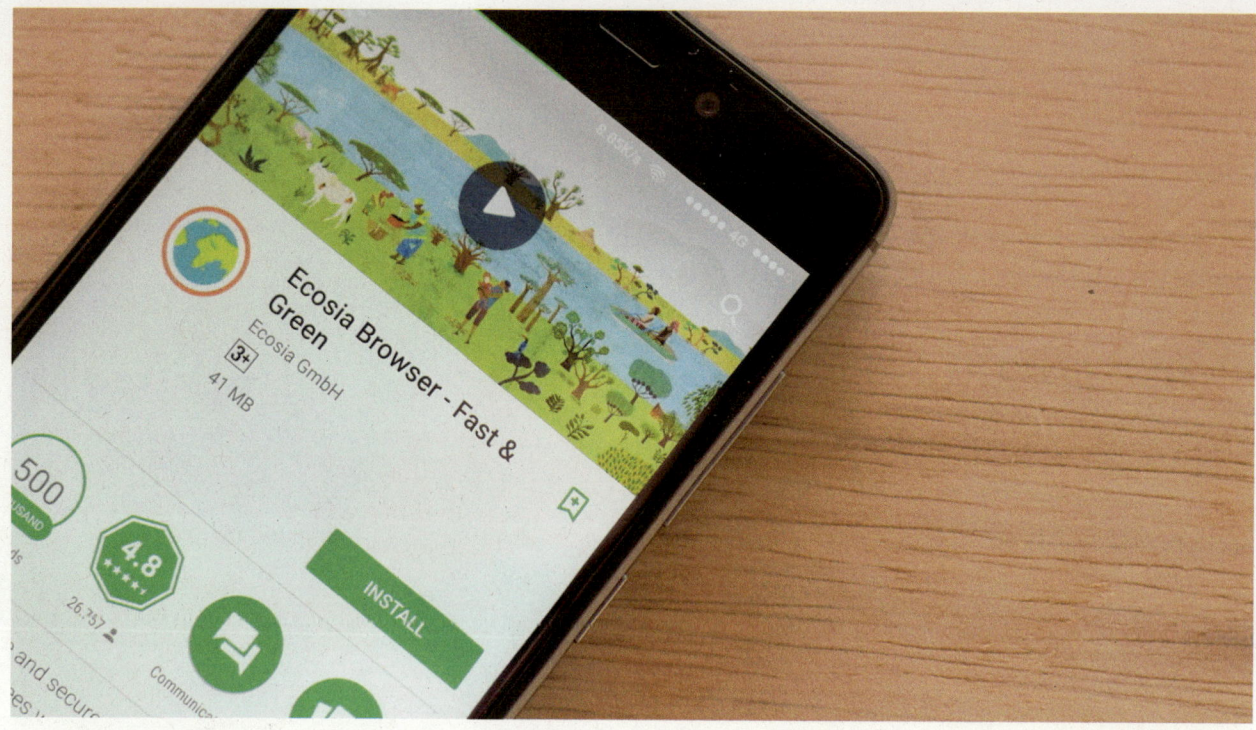

Verschiedene Suchmaschinen zeigen verschiedene Ergebnisse an

Suchmaschinen

Mit einer Suchmaschine können wir ganz konkrete Informationen finden. Hierzu ist es wichtig, dass wir mit wenigen Wörtern unsere Anfrage möglichst genau beschreiben.

Beispiel: Wir wollen wissen, wie viele Lebensmittel im Jahr in Deutschland weggeworfen werden. In die Suchmaske geben wir dann ein: »Lebensmittel Deutschland weggeworfen (oder: Verschwendung)«.

Dateiformat

Wenn wir zu unserer Suchanfrage noch ».pdf« ergänzen, bekommen wir zunächst als Treffer PDF-Dateien angezeigt. Dabei handelt es sich oft um Veröffentlichungen oder Statistiken, die besonders viele Zahlen, Daten und Fakten erhalten. Auch die Angabe einer Jahreszahl kann uns weiterhelfen, um möglichst aktuelle Informationen zu erhalten. Bei der zusätzlichen Angabe von ».ppt« erhalten wir vor allem Präsentationen.

Hilfreiche Rubriken

Aktuelle Informationen zu einem Thema bietet uns die Nachrichten- oder News-Funktion einer Suchmaschine. Hier lohnt es sich oft, den Suchfilter zu nutzen, um den Zeitraum der angezeigten Nachrichten einzuschränken.

Wissenschaftliche Texte finden wir beispielsweise bei der Suchmaschine Google Scholar. Ganze Bücher oder Ausschnitte davon bietet uns unter anderem Google Books.

Quellen

Damit wir einen fundierten Überblick bekommen, müssen wir stets mehrere Quellen zu einem Thema anschauen und die Informationen miteinander vergleichen. Bei Widersprüchen hilft es, wenn wir nachschauen, wer hinter der entsprechenden Quelle steht. Diese Informationen finden wir oft im Impressum oder unter »Kontakt«. Auch eine Recherche zu einer Quelle kann uns nützliche Hinweise liefern.

Videos

Immer mehr Informationen werden über Videos verbreitet. Neben einer Nachrichten-Funktion besitzen Suchmaschinen auch eine Videofunktion. Dort erhalten wir ausschließlich Videos zu unserer Suchanfrage. Bekannte Videoplattformen wie Youtube bieten auch eine Suchfunktion. Auch bei Videos ist es sehr wichtig, dass wir die Quellen genau betrachten, um mögliche Motive hinter dem Video einzuschätzen. Das Datum gibt uns Aufschluss über die Aktualität des Videos.

Virtuelle Exkursion

Unsere Erde ist so vielfältig und faszinierend. Um Räume besser zu verstehen, können wir uns mithilfe digitaler Kartendienste nahezu jeden Ort auf der Welt näher anschauen. Vor allem mit dem digitalen Atlas Google Earth können wir sowohl zwei- als auch dreidimensionale Bilder erhalten. Um Veränderungen aufzuzeigen, sind auch ältere Bilder hilfreich. Google Timelapse bietet einen solchen Service an.

Expertinnen und Experten

Neben dem Internet ist der Kontakt zu Expertinnen und Experten eine oft sehr lohnende Möglichkeit, um mehr über ein Thema zu erfahren. Die großen Vorteile bestehen darin, dass wir hier zu unseren Fragen direkt Antworten erhalten und auch nachfragen können.
So erfahren wir in der Regel viel schneller viel mehr über unser Thema als mit langen Recherchen. Zudem erhalten wir von Expertinnen und Experten meist auch noch neue Anregungen oder Sichtweisen. Sie kennen eigentlich immer auch noch weitere Expertinnen und Experten für das Thema, sodass wir gleich neue Ansprechpartner bekommen.

Deswegen kontaktieren wir bei jeder Recherche mehrere Expertinnen und Experten – auch über die sozialen Medien. Diese Kontakte können auch bei den weiteren Schritten sehr hilfreich sein.

Institutionen/Organisationen

Hier können wir zusätzliche Unterstützung finden. Vieles ist hierbei ähnlich zum Experten-Kontakt. Ein weiterer Vorteil einer Institution bzw. Organisation ist, dass wir nicht an eine Person gebunden sind. Meist gibt es mehrere Ansprechpartnerinnen und Ansprechpartner. Also kontaktieren wir auch mehrere Organisationen bzw. Institutionen.

Überprüfung – der Check

Abschließend überprüfen wir die gewonnenen Informationen – gerade in Zeiten von Fake News. Es wird aber auch immer wieder passieren, dass es zu Widersprüchen oder Ungereimtheiten kommt. Bevor wir kompetent handeln können, ist es daher wichtig, dass wir unsere Informationen überprüfen. Hierzu können wir weitere Quellen heranziehen – sowohl digitale wie analoge Veröffentlichungen. Auch der Kontakt zu weiteren Expertinnen und Experten kann hilfreich sein.

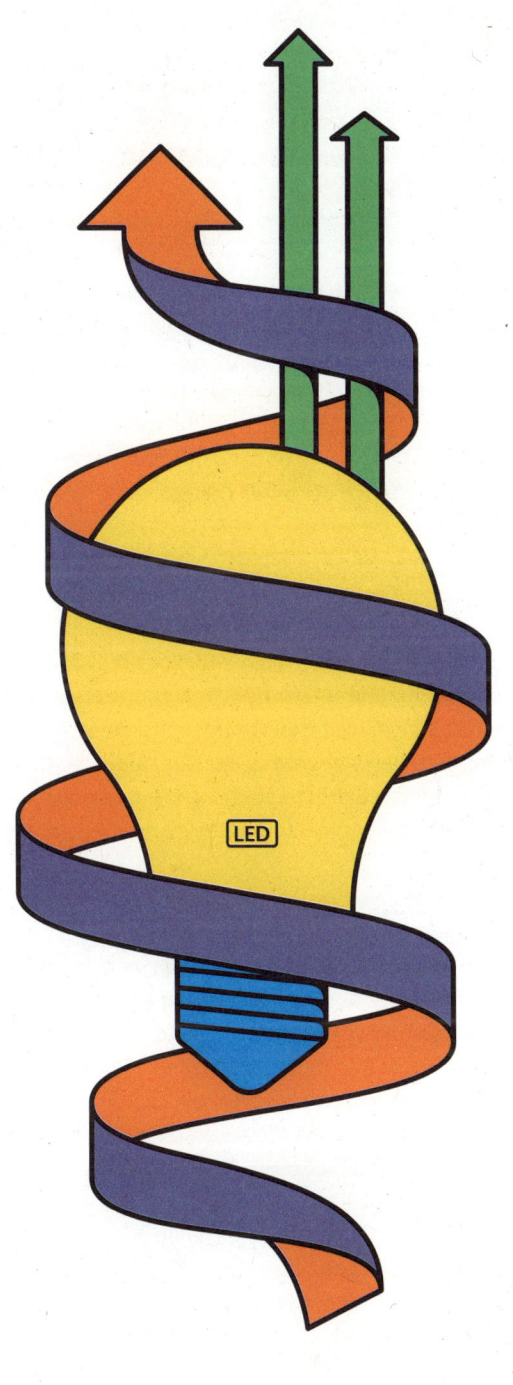

Mit der App »Fake News Check« können wir den Umgang mit Falschmeldungen trainieren

Um vom Wissen zum Handeln zu kommen, benötigen wir Ideen. Unsere Welt ist voller ungelöster Fragen und es ist daher umso wichtiger, eigenen Ideen eine Chance zu geben.

Brainstorming – für die ersten Handlungen

Wir wollen gemeinsam Lösungsmöglichkeiten finden. Dazu hilft oft, wenn wir mit einem Brainstorming beginnen. Ein möglicher Weg, um zusammen lohnende Ideen zu entwickeln, kann folgendermaßen aussehen:

Phase 1

Jeder schreibt so viele Lösungsmöglichkeiten bzw. Ideen wie möglich in kurzer Zeit auf.

Phase 2

In Partner- oder in Kleingruppen tauschen wir uns über unsere ersten Ideen aus, fragen nach und entscheiden uns als Kleingruppe für maximal 3–5 Ideen. Diese Ideen nehmen wir dann mit zum Treffen mit einer oder zwei weiteren Gruppen. All diese Gruppen stellen sich dann ebenfalls ihre Top-Ideen vor und am Ende werden die drei besten Ideen ausgewählt.

Phase 3

Abschließend stellen wir uns gegenseitig unsere drei Top-Ideen aus Phase 2 vor und überlegen gemeinsam, welche der Ideen wir weiterverfolgen wollen. Die Entscheidung dazu können wir entweder per Abstimmung treffen oder wir versuchen, einen Konsens zu finden. Hierbei geht es nicht um Mehrheiten, sondern um die Frage »Wer kann mit dieser Idee nicht leben?«. Wer sich hier meldet, muss gleichzeitig einen Lösungsvorschlag vorstellen, sodass es zu einer Weiterentwicklung kommt.

Bevor wir uns endgültig entscheiden, welche Idee(n) wir tatsächlich umsetzen wollen, ist oft eine erneute Recherche lohnend. Hierfür stehen uns die bekannten Möglichkeiten offen. Je konkreter unsere Ideen sind, umso hilfreicher ist oft der Kontakt mit Expertinnen und Experten, da diese uns direkt Feedback und ggf. sogar Tipps für mögliche Unterstützer geben können.

Solaranlage

Ausstellung

Podcast

Sponsorenlauf

Post auf Social Media

Wettbewerb

Slow Fashion

Food Sharing

Wir werden Influencerinnen und Influencer

Flyer

regionale Produkte

grüne Energie

Schulfest

vegan/vegetarisch

Fair Trade

Fridays for Future

Youtube

Clean ups

Global Citizen Initiative

Zero Waste Schule

Baumpflanzaktion

nachhaltige Produkte

Kooperation mit NGO

Hochbeete

Patenschaft

Fahrraddemo

Slow Fashion

Artikel auf der Schulhomepage

Kooperation mit wichtigen Einrichtungen

Social Entrepreneurship

Ergebnis eines Brainstormings mithilfe von Mentimeter (menti.com)

SWOT-Analyse – für Fortgeschrittene

Die SWOT-Analyse ermöglicht uns ein strukturierteres Vorgehen bei unserer Ideenfindung. Die Methode kommt aus der Projektarbeit und erfolgt in zwei Schritten bzw. in zwei Tabellen.

Der Begriff »SWOT« steht für die vier Anfangsbuchstaben, welche die erste SWOT-Analyse beschreiben:

S für Strengths (Stärken)
W für Weaknesses (Schwächen)
O für Opportunities (Chancen)
T für Threats (Risiken).

Zunächst werden die aktuellen Stärken und Schwächen gegenübergestellt. Anschließend blicken wir in die Zukunft und überlegen, welche Chancen und Risiken sich ergeben könnten.

Im zweiten Schritt der SWOT-Analyse versuchen wir, möglichst konkrete Ideen zu entwickeln. Dazu werden jeweils zwei Felder miteinander kombiniert – und zwar immer ein Feld aus der aktuellen Analyse (Stärken oder Schwächen) mit einem Feld aus der perspektivischen Betrachtung (Chancen oder Risiken). In der daraus resultierenden 2x2-Tabelle entstehen anhand der vier Fragen ausschließlich neue Gedanken.

Mit den in den Gruppen gewonnenen Ideen können wir ähnlich wie beim Brainstorming umgehen, um eine oder mehrere gemeinsame Ideen zu finden, die wir umsetzen wollen.

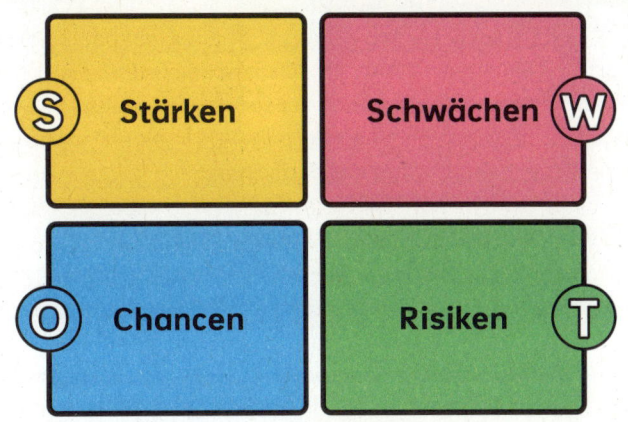

2x2-Übersichtstabelle einer SWOT-Analyse

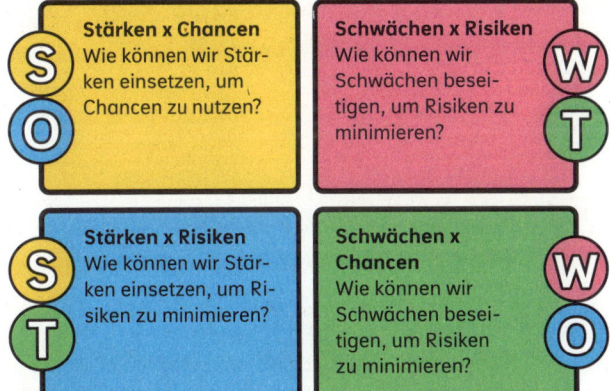

Ideenfelder – der zweite Schritt einer SWOT-Analyse

HOW-NOW-WOW-CIAO-Methode

Die HOW-NOW-WOW-CIAO-Matrix erleichtert uns bei einer Vielzahl an Ideen die Auswahl. Jede Idee wird dabei in eines der vier Felder eingeordnet.

Hilfreich sind zwei Fragen:
Wie innovativ ist die Idee?
Wie machbar ist die Umsetzung?

HOW! Viel Innovationspotenzial – also überlegen wir, ob wir nicht noch einen anderen, machbareren Weg zur Umsetzung finden.

NOW! Gut machbar – also überlegen wir, ob wir nicht noch einen anderen, innovativeren Weg zur Umsetzung finden.

WOW! Eine Idee mit viel Innovationspotenzial, die gleichzeitig machbar ist – super!

CIAO! Nächste Idee, bitte!

6 Schritte des Handelns

Allein können wir wenig bewegen. Aber es gibt bestimmt andere Menschen sowie Organisationen, die sich für unser Thema interessieren oder sich sogar bereits engagieren. Je größer die Wirkmöglichkeiten unserer Gruppe sind, desto mehr können wir erreichen.

Daher ist es ganz wichtig, möglichst viele unterschiedliche Unterstützer zu finden, mit denen wir uns zusammenschließen können. Hier hilft eine Recherche, wer alles in Frage kommen kann. Auch das Weitererzählen von unserer Suche kann neue Kontakte einbringen. Von daher verbreiten wir unsere Ideen und vor allem die Suche nach Partnern in unserem Freundes- und Bekanntenkreis. Je mehr Menschen wir darüber informieren, umso größer ist die Chance, Erfolg zu haben.

Mögliche Teammitglieder

Folgende Gruppen kommen möglicherweise für eine Zusammenarbeit in Frage:

Jugendliche, die in einem ähnlichen Alter sind wie wir

Influencerinnen und Influencer, die sich für unser Anliegen einsetzen oder damit beschäftigen

Betroffene – z. B. Anwohnerinnen und Anwohner, Konsumentinnen und Konsumenten, Aktivistinnen und Aktivisten

Forschende von der Universität oder Fachhochschule – sowohl Studierende als auch Dozentinnen und Dozenten

NGOs (Nichtregierungsorganisationen) wie Greenpeace, Oxfam usw., die thematisch eingebunden sind

Organisationen oder Institutionen, die sich mit dem Thema beschäftigen

Politikerinnen und Politiker und allgemein Entscheidungsträgerinnen und Entscheidungsträger

Akteurinnen und Akteure aus der Wirtschaft

Presse- und Medienvertreterinnen und -vertreter

weitere Menschen aus der Gesellschaft, die für das Thema brennen.

Wichtige Aspekte der Zusammenarbeit

Zusammentreffen sind das Herzstück und der Motor für das Team – analog wie digital

Kontaktaufnahme

Für die Kontaktaufnahme gibt es verschiedene Wege. Oft ist es hilfreich, wenn wir zunächst eine schriftliche Anfrage schicken – per Mail oder via Social Media. Wichtig ist hierbei, dass wir unser Anliegen deutlich machen – und zwar so knapp wie möglich und so ausführlich wie nötig. Wir sollten uns dabei möglichst kompetent und wissend darstellen. Vor allem sollten wir erläutern, wie uns die Person oder Einrichtung unterstützen könnte. Je klarer wir unsere Wünsche formulieren, umso leichter wird es unserem Gegenüber fallen, zu entscheiden, ob und wie eine Unterstützung erfolgt. Damit die angeschriebene Person uns überhaupt antworten kann, müssen wir natürlich auch Kontaktdaten angeben.

In vielen Fällen werden wir auf unsere schriftliche Anfrage keine Antwort erhalten. Das liegt nicht unbedingt an unserem Anliegen oder unserer Anfrage, sondern daran, dass viele Menschen und Einrichtungen so viele Anfragen erhalten, dass sie gar nicht auf alle antworten können. Dann haben wir mehrere Möglichkeiten: Wir können eine weitere schriftliche Anfrage schicken. Die Erfolgsaussichten sind hier eher gering. Wir können dort anrufen – sofern wir im Kontakt oder im Impressum eine Telefonnummer finden. Bevor wir das machen, sollten wir uns bedingt vorher

überlegen, was wir sagen wollen. Die Wahrscheinlichkeit ist gerade bei Unternehmen oder Einrichtungen hoch, dass wir zunächst im Geschäftszimmer bzw. Sekretariat landen. Hier sollten wir versuchen, kurz und knapp unser Anliegen vorzubringen. Dabei lohnt sich ein Hinweis auf unsere schriftliche Anfrage. Für den Erfolgsfall sollten wir uns bereits vorher mögliche Termine für ein Gespräch überlegt haben.

Generell gilt für uns bei der Kontaktaufnahme: hartnäckig bleiben! Schließlich wollen wir ja andere Menschen für etwas begeistern.

Startvorbereitungen

Bevor wir zum Handeln kommen, informieren wir alle Teammitglieder über die Zusammenstellung unseres Teams. Idealerweise haben wir eine digitale Arbeitsplattform, auf die alle Teammitglieder Zugriff haben und über die wir uns gemeinsam austauschen können. Für die Terminfindung gibt es verschiedene Anbieter wie Doodle, die kostenlos nutzbar sind. Mit einem gemeinsamen Starttermin können wir beginnen.

Vier Formen des Handelns

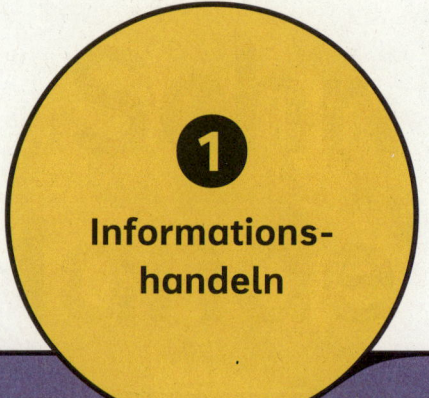

1

Informations-handeln

2

Alltags-handeln

Mithilfe vom Informationshandeln können wir ein Thema oder ein Problem bekannter machen. Die Aufklärung der Bevölkerung ist für ein gemeinschaftlich verantwortungsvolles Handeln ganz wesentlich.

Beispiele:
Verfassen eines Posts auf Social-Media-Kanälen
Erstellen eines Podcasts
Erstellen eines Informationsfilms (wie es viele Influencerinnen und Influencer vormachen)
Verfassen eines Beitrags für die Schulhomepage
Erstellen und Verteilen von Flyern
Informieren von Mitmenschen (Mitschülerinnen und Mitschüler, Eltern, Öffentlichkeit)
Informieren von Entscheidungsträgern

Um mit gutem Beispiel voranzugehen und andere zu inspirieren, spielt das Alltagshandeln eine wichtige Rolle. Lohnende Erfahrungen und Erkenntnisse, die wir dabei sammeln, können wir weitergeben oder eröffnen uns neue Ideen bzw. Möglichkeiten zum Handeln.

Wichtig: Jedes Handeln hat Auswirkungen. Wir leben in einer sogenannten nichtlinearen Welt, d.h., die Veränderung eines Mosaiksteins wirkt sich auf viele andere Mosaiksteine aus. Eines der bekanntesten Beispiele ist sicherlich Greta Thunberg, die sich mit einem Pappschild jeden Freitag vor das schwedische Parlament gestellt hat und dadurch eine weltweite Bewegung ausgelöst hat.

Beispiele:
sparsamer Umgang mit Ressourcen
Nutzung von Sharing Systemen
Kauf von regionalen Lebensmittelprodukten
Kauf von nachhaltig produzierten Produkten
bewusster Verzicht auf Konsum
bewusste Nutzung des Fahrrads oder des ÖPNV
bewusster Verzicht auf Flugreisen und Kreuzfahrten

Wir handeln gemeinsam!
Und wir handeln jetzt!

Lasst uns diesen Schritt zusammen gehen – wieder und wieder. Es gibt vier verschiedene Handlungsformen mit unterschiedlichen Zielen. Bevor wir unser Handeln konkret planen, müssen wir uns bewusst machen, welche Form wir anstreben. Diese Klarheit hilft uns bei den weiteren Schritten.

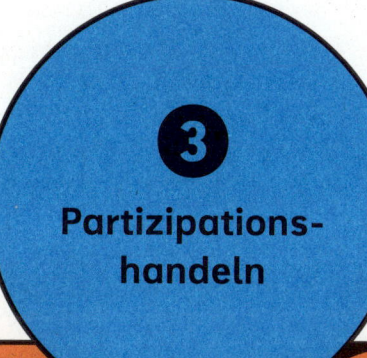

③ Partizipations-handeln

Wir leben in einer sehr komplexen Welt mit komplexen Herausforderungen. Um möglichst viel bewegen zu können, ist es sinnvoll, sich mit anderen Menschen zusammenzuschließen oder Entscheidungsträger zu kontaktieren bzw. miteinzubeziehen. Mit einem solchen Partizipationshandeln können wir eine größere Reichweite und somit auch größere Veränderungen erzielen.

Beispiele:
konstruktive Mitarbeit an aktuellen Projekten
aktive Beteiligung bei einer NGO
aktive Teilnahme an politischen Sitzungen
  (z. B. Gemeinde, Stadtrat)
aktive Teilnahme an Forschungsprojekten
konstruktive Kontaktaufnahme mit einem
  Unternehmen

④ Jugend-engagement

Spätestens seit Fridays for Future ist uns bewusst geworden, was für eine Kraft und was für eine Wirkung das Handeln von jungen Menschen haben kann. Jugendengagement ist für eine Gesellschaft sehr bedeutend, da Entscheidungsträgerinnen und Entscheidungsträger meist älter sind. Generell ist natürlich das Engagement aller Altersschichten wünschenswert.

Beispiele:
Planung und Durchführung einer Veranstaltung
  (z. B. Vortrag, Demonstration)
Gründung eines nachhaltigen Unternehmens
  (Social Entrepreneurship)
Gründung einer Initiative, eines Vereins, einer
  Organisation oder einer Partei mit einem nachhaltigen Ziel
Zusammenschluss auf Social-Media-Kanälen,
  um nachhaltige Informationen zu verbreiten
  oder für nachhaltige Aktionen aufzurufen

Was genau ist unser Ziel?
Die SMART-Methode

Gemeinsames Handeln erfordert eine gute Strategie und eine gute Struktur – egal, ob wir Alltags-, Informations-, Partizipationshandeln oder Jugendengagement planen.

Zunächst sollten wir unser Ziel ganz genau und klar formulieren, damit wir wissen, worum es wirklich geht. Hierbei hilft uns die sogenannte SMART-Methode.

    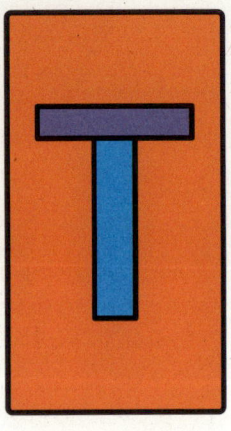

S = spezifisch

»Ich möchte recherchieren.«
→ Ist nicht spezifisch. Was genau soll erreicht werden?

»Ich möchte weitere Lösungsansätze finden.«
→ Hier formulieren wir schon, was wir in Zukunft machen möchten.

Kontrollfragen

Was genau soll erreicht werden?
Welche Eigenschaften werden angestrebt?
Wo soll das Ziel erreicht werden?
Wer ist beteiligt?

M = messbar

»Ich möchte weitere Lösungsansätze finden.«
→ Ist noch nicht messbar.

»Ich möchte mindestens drei Lösungsansätze finden.«
→ Das ist messbar.

Kontrollfragen

Woran kann die Zielerreichung gemessen werden?
Wie viel genau?
Wann weiß ich, dass ich das Ziel erreicht habe?

A = attraktiv

»Ich möchte mindestens drei Lösungsansätze finden, die ich auch gerne umsetzen möchte.«
→ Unser Ziel sollte für uns auch attraktiv sein.

Kontrollfragen

Wirkt das Ziel motivierend?
Wird es von den Beteiligten akzeptiert?
Ist es aktiv durch das Projekt erreichbar?

R = realistisch

»Ich möchte etwa 30 Minuten nach mindestens drei Lösungsansätzen recherchieren, die ich auch gerne umsetzen möchte.«
→ Die Motivation kann bei nicht realistischen Vorgaben sehr schnell nachlassen.

Kontrollfragen

Ist das gewünschte Ziel im Rahmen des Projektes erreichbar?
Ist es machbar?

T = terminiert

Manchmal haben wir sogar ein Ziel hinter dem Ziel: »Ich möchte bis zum 25. September etwa 30 Minuten nach mindestens drei Lösungsansätzen recherchieren, die ich auch gerne umsetzen möchte.«
→ Damit erfüllt unser Ziel alle fünf Kriterien nach der SMART-Methode.

Kontrollfragen

Bis wann soll das Ziel erreicht werden?
In welchem Zeitrahmen soll das Ziel erreicht werden?
Ist das Ziel innerhalb der Projektlaufzeit erreichbar?

Zielpyramide

Im Gegensatz zur SMART-Methode hilft uns die Ziel-pyramide, zwischen Visionen, Etappen (mittelfristige Ziele) zum Erreichen der Vision und konkreten Projekt-zielen (kurzfristige Ziele) zu unterscheiden. Die Vision ist ja das große Ziel, zu dem wir mit unserem Projekt einen Teil beitragen wollen.

Zwischen unserem Projektziel und der Vision befin-den sich in der Zielpyramide noch die Etappen zum Errei-chen der Vision. Eine solche gesamte Etappe werden wir mit unserem Projekt nicht erreichen können, sondern nur einen Teil davon. So behalten wir mit der Zielpyramide gleich drei Ziele im Blick: unsere Vision, mittelfristige Ziele (Etappen) und unser Projektziel. Damit vermeiden wir – wie bei der SMART-Methode –, dass wir uns mit unserem Projekt übernehmen.

Trotzdem lohnt es sich, dass wir unsere Vision bzw. Visionen formulieren und dabei auch Bezug zu den SDGs nehmen. Somit haben wir eine Motivation und können uns gleichzeitig als Teil eines großen Ganzen verstehen.

Beispiel: »Fairer Kakao an jeder Ecke«

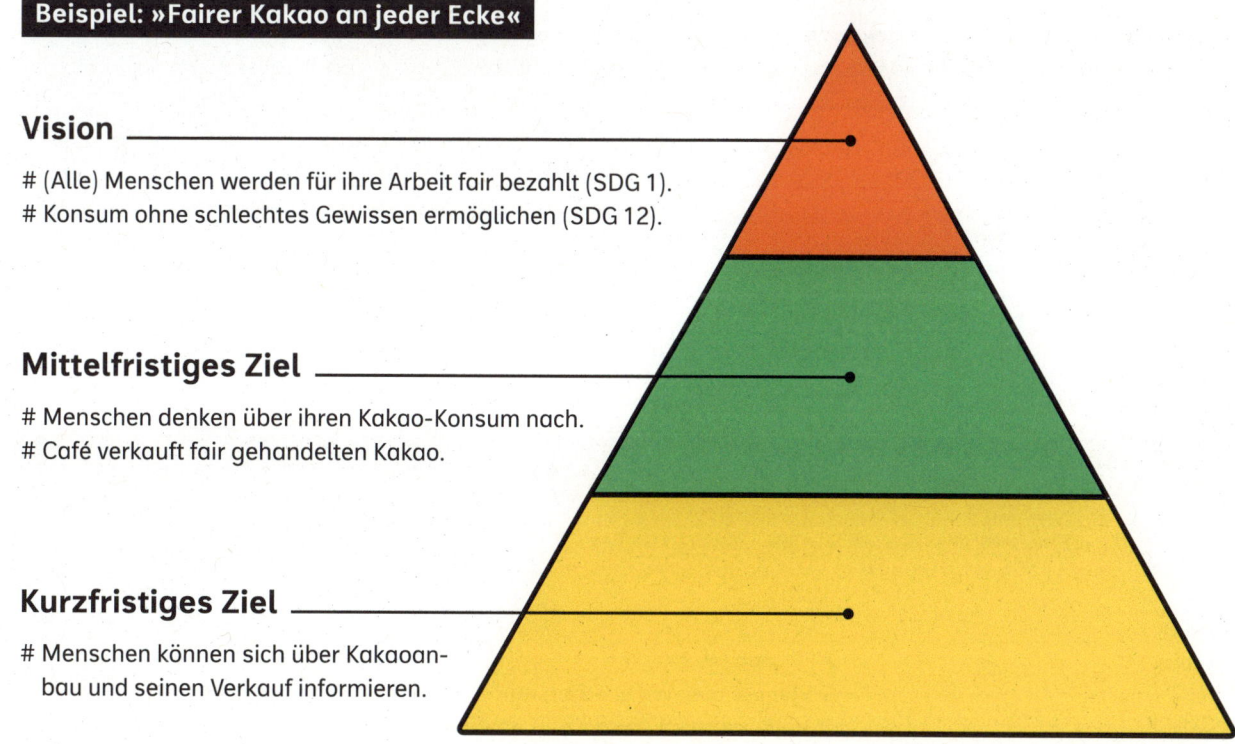

Vision
(Alle) Menschen werden für ihre Arbeit fair bezahlt (SDG 1).
Konsum ohne schlechtes Gewissen ermöglichen (SDG 12).

Mittelfristiges Ziel
Menschen denken über ihren Kakao-Konsum nach.
Café verkauft fair gehandelten Kakao.

Kurzfristiges Ziel
Menschen können sich über Kakaoan-bau und seinen Verkauf informieren.

Vorplanung mit W-Fragen

Unser Wissen über verschiedene Handlungsformen und das Formulieren von SMARTen Zielen hilft uns bei der Projektplanung. Um nun gemeinsam in unserem neuen Team mit unseren Partnerinnen und Partnern ein Projekt zu planen, hilft eine sogenannte Vorplanung. Anhand von zehn W-Fragewörtern können wir uns und unsere Ideen sowie Erfahrungen gegenseitig kennenlernen. Anschließend helfen uns die W-Fragen, um gemeinsame Rahmenbedingungen zu klären. Die hier aufgeführten W-Fragen sind als Anregung zu verstehen. Weitere lohnende Fragen können ergänzt werden. Die gemeinsamen Antworten des Teams visualisieren wir für alle sichtbar und halten sie für den weiteren Projektverlauf fest.

WER sind wir?

WAS sollen wir tun? Welche Leistungen können/wollen wir erbringen? Welche Veranstaltung wollen wir durchführen und welches Programm anbieten? (Projektbeschreibung)

WANN sollen welche Aktivitäten umgesetzt werden? In welcher Abfolge sollen die Aufgaben durchgeführt werden? Welche Fristen oder Termine sind zu beachten, an denen bestimmte Ergebnisse vorliegen müssen? (zeitlicher Ablauf)

WIE wollen wir arbeiten? Welche Arbeitsformen, Methoden und Vorgehensweisen sind angemessen? Welche Kooperationspartner brauchen wir? (methodische Umsetzung)

WO soll das Projekt stattfinden? An welchen Standorten und in welchen Umfeld soll es realisiert werden? (Wirkungsbereich)

WOHIN sollen unsere Aktivitäten führen? Welche Ziele verfolgen wir? (Ziele)

FÜR WEN und mit wem gemeinsam wollen wir etwas tun? (Zielgruppe)

WARUM wollen wir etwas tun? Welche Probleme oder Missstände sehen wir? Welchen Bedarf wollen wir abdecken?

WOMIT wollen wir arbeiten? Welche sachlichen und finanziellen Mittel brauchen wir? (Kosten- und Finanzierungsplan)

Quelle: © Siemens Stiftung und Freudenbergstiftung, 2017, S. 4 (https://medienportal.siemens-stiftung.org/)

Beispiele:

WER sind wir?
→ Hier nehmen wir uns Zeit, um uns alle kennenzulernen und damit auch ein Teamgefühl entsteht. Ein Stuhlkreis oder ein bewusstes Mischen der anwesenden Gruppen kann für eine gute Atmosphäre sorgen. Auch Kennlernspiele – vielleicht sogar passend zum Projekt – können hilfreich sein.

WIE wollen wir arbeiten?
→ Hier schauen wir, welche Erfahrungen jede und jeder aus unserem Team mitbringt. Es ist lohnend, wenn wir gemeinsam überlegen und entscheiden, welche Arbeitsformen, Methoden und Vorgehensweisen wir in unserem Projekt benutzen wollen.

Wie sieht unser Plan aus?

Bevor wir loslegen, sollten wir einen möglichst genauen Plan aufstellen. Zuerst bestimmen wir alle Teilaufgaben (TA) bzw. Teilziele. Diese lassen sich in verschiedene Aufgabenfelder oder Arbeitspakete (AP) untergliedern.

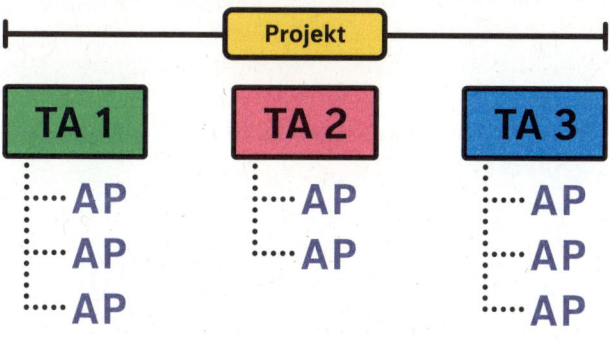

Projektübersicht

Beispiel:

Wir wollen eine Posterausstellung gestalten und umsetzen. Mögliche Teilaufgaben könnten dann sein: Postererstellung, Finanzierung und Planung. Zur Teilaufgabe »Postererstellung« gehören dann vielleicht folgende Arbeitspakete: Gestaltung des einheitlichen Layouts, Recherche des Materials (Text und Abbildungen), Fertigstellung der Plakate, Überprüfung der formalen Kriterien (Quellen, Rechte etc.). Für die Teilaufgabe »Finanzierung« können es dann diese Arbeitspakete sein: Kostenanfrage bei Druckereien, Gewinnen von Unterstützern (z. B. Schule, Stadt, Unternehmen).

Danach verteilen wir die Aufgaben ganz konkret. Dazu helfen folgende Fragen:
Wann wollen bzw. müssen wir fertig sein? (Planung vom Ende)
In welcher Reihenfolge wollen wir die einzelnen Teilaufgaben erledigen?
Bis wann müssen die einzelnen Teilaufgaben fertig sein?
Für welche Teilaufgaben ist die Fertigstellung vorheriger Teilaufgaben notwendig?
Wer macht welche Teilaufgaben?

Beispiel:

Um das Teilziel »Postererstellung« umzusetzen, müssen zuerst die Gestaltung des einheitlichen Layouts und die Recherche des Materials abgeschlossen sein, bevor die Fertigstellung der Plakate möglich ist. Erst wenn die Plakate fertig gestellt worden sind, können die formalen Kriterien überprüft werden.

Die Antworten auf diese Fragen und die gegenseitigen Abhängigkeiten der Arbeitspakete und Teilaufgaben lassen sich übersichtlich mithilfe eines sogenannten GANTT-Diagramms darstellen. So können wir aus den Aufgabenfeldern einen gemeinsamen Zeitplan erstellen, der dann für alle aus unserer Gruppe zugänglich ist.

Aufgabe	Wer?	KW 36	KW 37	KW 38	KW 39	KW 40	KW 41	KW 42	KW 43	KW 44	KW 45
TA 1											
AP	alle	▓	▓	▓							
AP	Team 1				▓	▓	▓	▓			
AP	Team 1						▓	▓			
TA 2											
AP	Team 2	▓	▓	▓							
AP	Team 3			▓	▓	▓	▓				
TA 3											
AP	Team 2					▓	▓	▓	▓		
AP	alle									▓	
AP	Team 3										▓

GANTT-Diagramm

Die roten Linien visualisieren Fristen, die sogenannten Meilensteine. Bis dahin müssen wir die angegebenen Arbeitspakete umgesetzt haben, damit die nächsten Arbeitspakete beginnen können. Diese Meilensteine sind für die Umsetzung unseres Projektes ganz wesentlich. Sie werden in der Regel nicht verschoben, da sonst der gesamte Zeitplan nicht einzuhalten ist. Daher nehmen wir uns für die Aufstellung des Zeitplans ausreichend Zeit und planen auch einen Puffer ein, damit Zeitverzögerungen bei einem Arbeitspaket nicht gleich Zeitverzögerungen für das gesamte Projekte bedeuten.

Kommunikation

Für die Kommunikation ist eine klare Struktur mit eindeutig festgelegten Zuständigkeiten wichtig:

Damit wir alle einen guten Überblick über den aktuellen Stand unseres Projektes haben, ist eine kollaborative Plattform hilfreich, die regelmäßig von allen Gruppen mit allen relevanten Informationen versorgt wird.

Idealerweise hat jedes Team (Teilaufgaben und Arbeitspakete) eine Ansprechpartnerin bzw. einen Ansprechpartner.

Hilfreich ist es auch, wenn wir Kontaktpersonen bestimmen, die Ansprechpartner für mögliche Unterstützer sind.

Sofern wir noch keine Pressevertreterinnen und Pressevertreter in unserem Team haben, ist dieser Kontakt zu Beginn der Planung bereits sinnvoll. Hier können wir für die Presse interessante Ereignisse abstimmen oder ggf. sogar mit in die Planung aufnehmen.

Bei allen Schritten ganz wichtig: Habe Mut und übernimm Verantwortung für dich und für andere – lokal wie global.

Wie können wir auf unser Handeln aufmerksam machen?

Je mehr Menschen von unserem Handeln erfahren, umso mehr können wir in der Regel erreichen bzw. umso größer ist meist auch die Wirkung unseres Handelns. Wie beim Handeln an sich ist es auch hier besonders hilfreich, möglichst viele Unterstützer zu haben – z.B. Medienvertreterinnen und -vertreter (Print, Online, Radio, TV), private und öffentliche Einrichtungen, bekannte Personen bzw. Organisationen oder Influencerinnen und Influencer (Social Media).

> **WICHTIG:**
>
> Wir machen sichtbar, dass wir uns für die SDGs einsetzen. Wir nutzen das Logo und die Icons. Wir thematisieren die SDGs. So werden wir Teil einer großen globalen Bewegung.

Poster

Klimaprojekt des 11. Jahrgangs der Max-Planck-Schule in Kiel – Flyer

Post vom Fußballverein Holstein Kiel

Wie schließen wir unser Projekt ab?
Der krönende Ausklang!

Geschafft! Wir haben gemeinsam im Sinne der SDGs gehandelt und zusammen unser Projekt umgesetzt! Jetzt gehen wir nicht einfach auseinander, sondern gönnen uns einen Projektabschluss.

Wir feiern uns und das umgesetzte SDG-Projekt – #GesichterdesHandelns

Wir feiern

Wir als Team feiern ganz bewusst und genießen einfach den Moment. Die lange Zeit der Vorbereitung, die Durchführung – all das hat uns zusammengeschweißt. Ein möglichst klimaneutrales Fest zum Ausklang markiert ein schönes und bewusstes Ende des Projektes.

Wir dokumentieren

Was bleibt? Eine Dokumentation zum Projekt ist einerseits eine schöne Erinnerung und andererseits auch für die Unterstützer hilfreich, um ihr Engagement zu zeigen. Wir erstellen aus Fotos, Zeitungsartikeln, Social Media Posts etc. eine Dokumentation. Eine PDF-Datei ist meist gut geeignet, da sie sowohl als Druckvorlage dienen kann als auch digital einfach zu versenden ist.

Wir tragen unser Projekt weiter

Wir können mit unserem Projekt andere Menschen inspirieren und zu #GesichterdesHandelns machen. Unsere Dokumentation kann uns dabei helfen, aber auch Posts auf Social-Media-Kanälen, Podcasts, Pressemitteilungen, Vorträge usw.

Wir sagen DANKE

Nicht nur wir als Team haben für die Umsetzung des Projektes gesorgt. Viele andere helfende Hände waren mit dabei. Ein kleines Dankeschön als Wertschätzung der Unterstützung ist ein schönes Zeichen und erhöht die Chance, dass wir auch bei einem nächsten Projekt Hilfe bekommen werden.

3

17 Ziele des Handelns

Wann, wenn nicht jetzt? Wer, wenn nicht wir?

1 KEINE ARMUT

2 KEIN HUNGER

3 GESUNDHEIT UND WOHLERGEHEN

4 HOCHWERTIGE BILDUNG

5 GESCHLECHTER-GLEICHHEIT

6 SAUBERES WASSER UND SANITÄR-EINRICHTUNGEN

7 BEZAHLBARE UND SAUBERE ENERGIE

8 MENSCHENWÜRDIGE ARBEIT UND WIRTSCHAFTS-WACHSTUM

9 INDUSTRIE, INNOVATION UND INFRASTRUKTUR

10 WENIGER UNGLEICHHEITEN

11 NACHHALTIGE STÄDTE UND GEMEINDEN

12 NACHHALTIGE/R KONSUM UND PRODUKTION

13 MASSNAHMEN ZUM KLIMASCHUTZ

14 LEBEN UNTER WASSER

15 LEBEN AN LAND

16 FRIEDEN, GERECHTIGKEIT UND STARKE INSTITUTIONEN

17 PARTNER-SCHAFTEN ZUR ERREICHUNG DER ZIELE

ZIELE FÜR NACHHALTIGE ENTWICKLUNG

Jetzt sind wir an der Reihe: Wir werden die sechs Schritte des Handelns selber gehen und gemeinsam unsere eigenen Ideen für ein Nachhaltigkeitshandeln entwickeln und umsetzen – und zwar ganz im Sinne der 17 Sustainable Development Goals der Vereinten Nationen, den 17 Zielen des Handelns.

In diesem Kapitel werden wir dazu mehr über die 18 Gesichter des Handelns aus dem ersten Kapitel erfahren, die für die Sustainable Development Goals (SDGs) und ihre Vernetzung stehen. Wir werden mit diesen 18 Vorbildern mehr über die jeweiligen SDGs erfahren und vor allem in den sechs Schritten des Handelns weitere Ideen für unser Nachhaltigkeitshandeln kennenlernen.

Die sechs Schritte des Handelns sind bei allen 17 SDGs in der gleichen Reihenfolge angeordnet, aber mit unterschiedlichen Schwerpunkten. Viele weitere Informationen finden wir mithilfe von QR-Codes, kurzen Links und lohnenden Hinweisen.

Damit unsere vielen Ideen und Gedanken nicht verloren gehen, halten wir diese auf den digitalen Notizzetteln fest – siehe QR-Code. Die Starthilfen auf den Notizzetteln können uns dabei voranbringen.

Die vielen Tipps aus dem zweiten Kapitel helfen uns zusätzlich bei den sechs Schritten des Handelns.

Wann, wenn nicht jetzt? #WirHANDELN!

UNSERE ER-
KENNTNISSE:
**Starthilfe als
beschreibbare
PDF-Datei**

SONG:
**»Wann, wenn
nicht jetzt?«
(Rio Reiser Cover 2021)**

Kinderarmut in Deutschland

Jeremias Thiel bei der Vorstellung seines Buches »KEIN Pausenbrot, KEINE Kindheit, KEINE Chance«

Jeremias Thiel, Student der Politik- und Umweltwissenschaft an der US-Eliteuniversität St. Olaf College in Minnesota

Herr Thiel, als Elfjähriger baten Sie das Jugendamt, Sie aus Ihrer Familie herauszuholen. Seitdem engagieren Sie sich in vielfältiger Weise im Kampf gegen Kinderarmut. Wie sind Sie zum Handeln gekommen?

JEREMIAS THIEL: Zunächst habe ich mich an verschiedenen Aktionen von UNICEF und den SOS-Kinderdörfern beteiligt. Mittlerweile bin ich Mitglied des UNICEF-JuniorBeirates, dem höchsten Gremium von UNICEF für junge Engagierte. Wir haben eine beratende Funktion für den UNICEF-Vorstand. Aktuell arbeite ich an einem Chancenstipendium der Crespo-Stiftung in der Rhein-Main-Region mit und bemühe mich um öffentlichkeitswirksame Arbeit wie durch mein Buch.

Was motiviert Sie ständig weiterzumachen?

Nach meinem Empfinden ist Motivation ein Resultat von Überzeugung. Die treibt mich sehr an, mich auch weiterhin ideell, aber auch politisch mit den gegebenen Strukturen auseinanderzusetzen, und auch weiterhin für jene Menschen Politik zu betreiben, die in Armut groß werden und nicht unbedingt eine starke, politisch und gesellschaftlich verbreitete Lobby haben. Mich motiviert aber natürlich ebenso sehr, dass mein Handeln nach außen hin anerkannt und respektiert wird und ich so etwas wie eine »führende Stimme« bin. Immerhin leben noch immer 2,6 Millionen Kinder und Jugendliche in Deutschland in Armut. 600 000 Menschen in Deutschland sind langzeitarbeitslos. In meiner Heimatstadt lebt jedes vierte Kind in Armut. Diese Menschen, die häufig in Zahlen beschrieben werden, sind meine Motivation. Die Kinder und Jugendlichen, die aufgrund ihres Alters und ihres sozialen Status vernachlässigt werden.

Kinderarmut in Deutschland (2021)

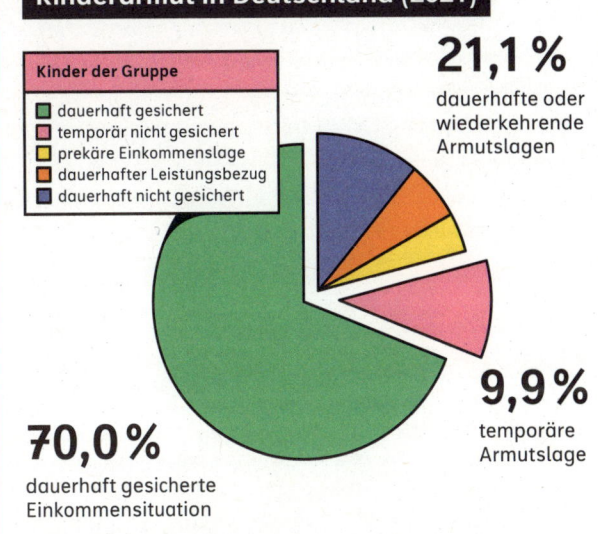

Kinder der Gruppe
- dauerhaft gesichert
- temporär nicht gesichert
- prekäre Einkommenslage
- dauerhafter Leistungsbezug
- dauerhaft nicht gesichert

21,1 % dauerhafte oder wiederkehrende Armutslagen

9,9 % temporäre Armutslage

70,0 % dauerhaft gesicherte Einkommensituation

Quelle: https://www.bertelsmann-stiftung.de/de/themen/aktuelle-meldungen/2017/oktober/kinderarmut-ist-in-deutschland-oft-ein-dauerzustand/

Lebensstandard von Kindern unter 15 Jahren und ihren Familien

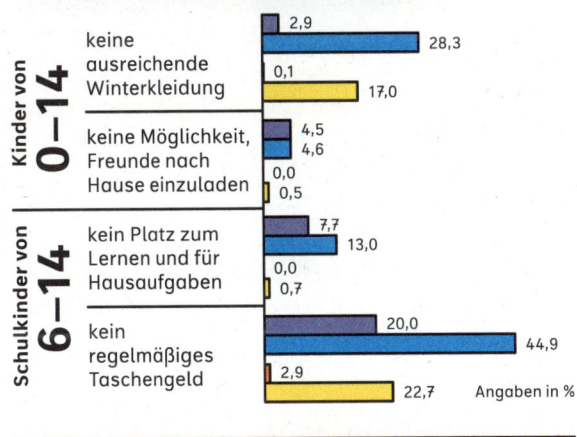

Kinder von 0–14

keine ausreichende Winterkleidung: 2,9 / 28,3 / 0,1 / 17,0

keine Möglichkeit, Freunde nach Hause einzuladen: 4,5 / 4,6 / 0,0 / 0,5

Schulkinder von 6–14

kein Platz zum Lernen und für Hausaufgaben: 7,7 / 13,0 / 0,0 / 0,7

kein regelmäßiges Taschengeld: 20,0 / 44,9 / 2,9 / 22,7

Angaben in %

Kinder in Familien mit SGB II-Leistungsbezug	Kinder in Familien mit gesicherter Einkommenssituation
fehlt aus finanziellen Gründen	fehlt aus finanziellen Gründen
fehlt insgesamt	fehlt insgesamt

Quelle: Bertelsmann Stiftung – Factsheet 2020, S. 5

SDG 1 in Deutschland

	Jahr	Wert	Bewertung	Entwicklung
Anteil der Bevölkerung mit einem Einkommen unter 1,90 € pro Tag	2021	0,2 %	🟢	⬆
Anteil der Bevölkerung mit einem Einkommen unter 3,20 € pro Tag	2021	0,3 %	🟢	⬆
Anteil der in Armut lebenden Bevölkerung	2017	10,4 %	🟡	⬇

Quelle: https://dashboards.sdgindex.org/static/profiles/pdfs/SDR-2021-germany.pdf

#WirRecherchieren

Recherchetipps

\# #StopptKinderarmut
https://www.stopptkinderarmut.org/
Eine Initiative der Bertelsmann Stiftung, unterstützt u. a. durch die Influencerinnen und Influencer Hatice Schmidt, Leeroy Matata, Anderson, JustCaan, Kati Karenina, Kicki Yang Zhang, MrTrashpack, Simon Will und den Musiker Matondo Castlo.

Initiative #StopptKinderarmut der Bertelsmann Stiftung und MESH Collective

© Nicolas de Leval Jezierski

Recherche-Idee

\# Gespräch mit betroffenen Menschen – Kindern, Jugendlichen, Eltern, Betreuenden (z. B. Beratungsstellen-Suche der Bundeskonferenz für Erziehungsberatung)

Lohnende Quellen

\# Armuts- und Reichtumsbericht der Bundesregierung
\# Planet Wissen – Kinderarmut in Deutschland
\# Zahlreiche Dokumentationen bei den Mediatheken von ARD und ZDF
\# Deutsches Kinderhilfswerk
\# Bertelsmann-Stiftung – Kinderarmut in Deutschland

Factsheet: Kinderarmut

#WirEntwickelnIdeen

Herr Thiel, welche Ideen zur Bekämpfung der Kinderarmut fallen Ihnen ein?

Wir müssen Vorurteilen entgegenwirken. Aufklären. Menschen zusammenbringen. Aufhören, gegen arme Menschen zu hetzen. Wir müssen uns gegenseitig mehr unterstützen. Unser Sozialstaat gehört neu definiert. Wir benötigen ein Kindergrundeinkommen. Wir benötigen vor allem Ganztagsschulen, in denen wir jungen Menschen, die weniger Ressourcen von Zuhause mitbringen, bedarfsgerecht unterstützen. Wir benötigen mehr Vorbilder. Wir müssen das dreigliedrige Bildungssystem reformieren und endlich anerkennen, dass Entwicklungsschritte vor allem von Ressourcen im frühen Alter abhängen. Wir müssen in den Kindergärten schon früh Benachteiligung erkennen. Wir müssen unser Lehrpersonal, Betreuungspersonal und soziale Berufe auch finanziell anerkennen. Wir müssen unsere Städte so planen, dass wir nicht nebeneinander leben, sondern miteinander. Wir müssen wieder nahbarer sein, anstatt Armut als pures Abstraktum zu sehen. Wir müssen arme Menschen politisch hören, anstatt sie an die Ränder unserer Gesellschaft zu positionieren. Wir müssen Appelle formen, kommunale Jugendzentren ermöglichen. Ein Talentfond gehört implementiert, zu dem Lehrkräfte Zugang haben. Wir benötigen lokale Freizeitinitiativen, Mentorinnen und Mentoren, die jungen Menschen beratend zur Seite stehen. Wir benötigen aber auch mehr Solidarität in einer in sich immer mehr unsolidarischen Gesellschaft. Wir benötigen progressive Bündnisse in den Regierungen. Armut ist hochkomplex, und dementsprechend sind auch alle Punkte, die oben erwähnt sind, miteinander verbunden und in einer Art Symbiose zu sehen.

Beispiele für Nachhaltigkeitshandeln in der Schule

\# Aktionstag (www.aktionstag-kinderarmut.de)
\# Spendenaktion
\# Poster-Ausstellung
\# Artikel auf der Homepage

AKTIONSTAG 24.11.

gegen

KINDERARMUT und AUSGRENZUNG

Wichtige Akteursgruppen

NGOs (z. B. UNICEF, Deutsches Kinderhilfswerk, Rote Nasen Deutschland e. V.)

Tafel Deutschland e. V.

soziale Einrichtungen (z. B. Kinder- und Jugendtelefon, KinderRechteForum, Kinderschutzbund, bke Jugendberatung Online)

Politikerinnen und Politiker – vor Ort, auf Landesebene und national im Bundestag

Wissenschaft
Expertinnen und Experten für den Überblick

Medien/Presse
(lokale) Medienvertreterinnen und Medienvertreter (z. B. lokale und überregionale Zeitungen, Radiosender, öffentlich-rechtliche Sender wie WDR, NDR, SWR oder BR)

Influencerinnen und Influencer:
viertes.tv (Instagram 22.6 k) – Soziale Ungleichheiten und Ungerechtigkeiten: vielfältige politische Themen wie z. B. Wohnen, Obdachlosigkeit, Armut strassenblues (Instagram 4.2 k) – Obdachlosigkeit (Politik, Solidarität)

Wirtschaft (z. B. Lebensmittelläden, Einzel-Handel, Finanzbranche)

Herr Thiel, was raten Sie Schülerinnen und Schülern, die sich für die Bekämpfung der Kinderarmut in Deutschland engagieren wollen?

JEREMIAS THIEL: Wenn es um Engagement im Armutskontext geht, ist es mir wichtig zu sagen, dass Sensibilität und Verständnis für die Armutssituation von jungen Menschen von hoher Relevanz sind. Hier gilt der Grundsatz: Wenn ihr euch in dem Kontext engagiert, redet nicht über arme Menschen, sondern gestaltet mit Menschen, die von Armut betroffen sind. Überdenkt potenzielle Denkfehler, sogenannte Bias, die jede und jeder von uns trägt. In allem Engagement ist es aber dennoch auch wichtig, auf sich aufzupassen – insbesondere mental. Auch das musste ich in meinen Jahren lernen, und dieser Lernprozess hört sicherlich nicht von heute auf morgen auf.

Wichtig ist in erster Linie immer zu verstehen, welcher Typ Mensch man ist. Sofern man gern in institutionellen Rahmen arbeitet und mitgestaltet, ist das Jugendparlament ein toller Rahmen sich zu engagieren, in Vereinen, Parteien, Bündnissen vor Ort in den Kommunen und Städten. Ist man eher aktivistisch unterwegs, so gibt es auch in den Städten Gruppen und Organisationen, die Demonstrationen planen und niedrigschwellige Angebote organisieren – etwa Freizeitveranstaltungen und dergleichen.

Findet Gleichgesinnte, mit denen sich Projekte sogar im schulischen Rahmen umsetzen lassen. Arbeitet mit Lehrerinnen und Lehrern eures Vertrauens zusammen. Fragt nach professionellem Input von Organisationen, die bei euch vor Ort arbeiten.

Zukunftschancen

Schülerinnen und Schüler des Beethoven-Gymnasiums machen auf Kinderarmut aufmerksam – ein filmisches Wettrennen, das nachdenklich macht und zur Nachahmung anregt.

Gegen Hunger in der Einen Welt

Ein Mädchen im Jemen hat nahrhafte Kekse vom Welternährungsprogramm bekommen

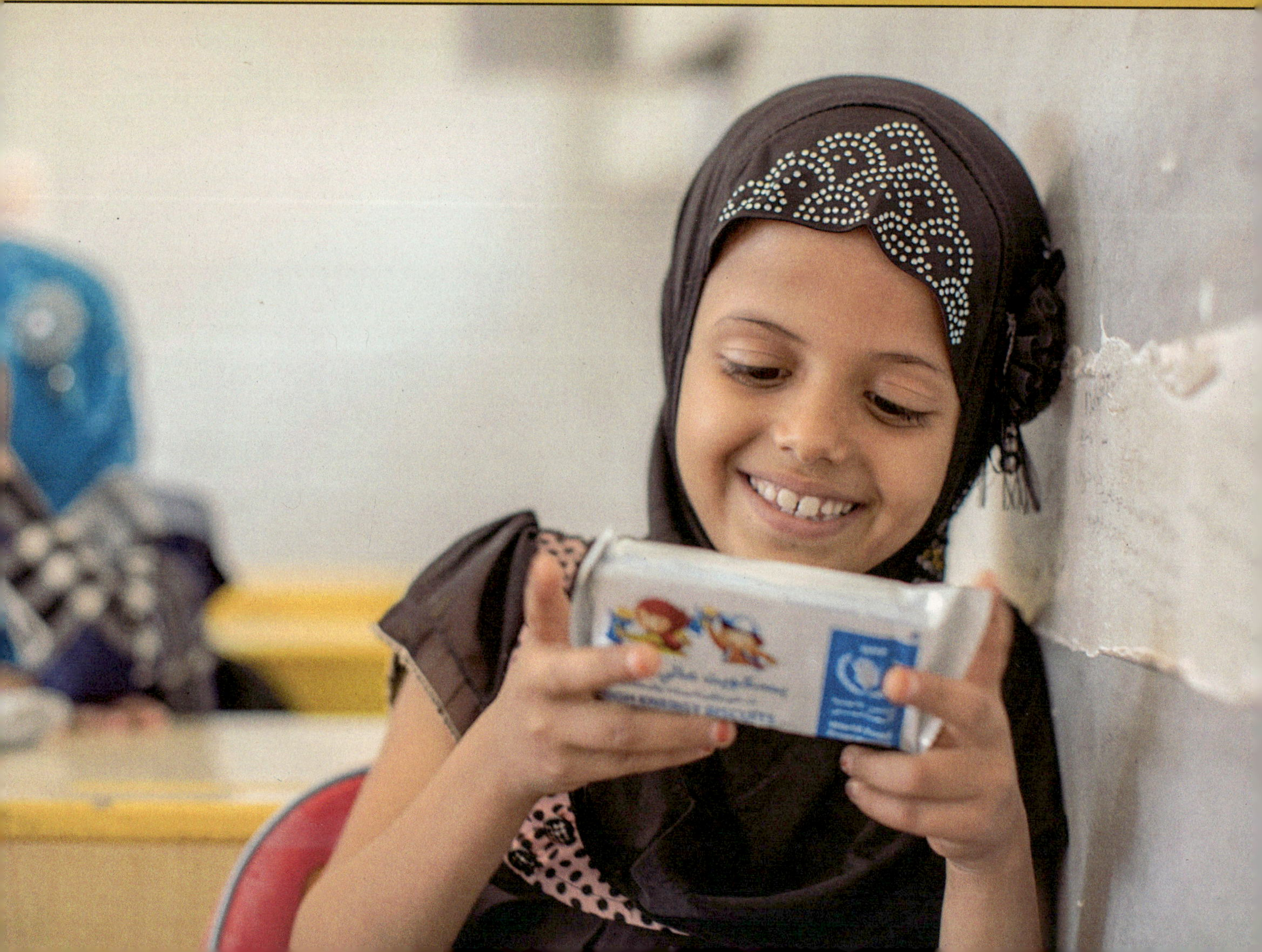

Der Filmschauspieler Daniel Brühl ist neuer Sonderbotschafter des Welternährungsprogramms

Daniel Brühl klärt in einem Tweet über den Hunger in der Welt auf. 811 Millionen Menschen müssen jeden Abend hungrig ins Bett gehen.

Daniel Brühl unterstützt das Welternährungsprogramm (engl. World Food Programme, WFP), die größte humanitäre Organisation der Welt, die 2020 mit dem Friedensnobelpreis ausgezeichnet wurde. Daniel Brühl übernimmt Verantwortung und sagt, dass wir nur gemeinsam eine Welt ohne Hunger erreichen können.

Ein Beispiel für ein Projekt des Welternährungsprogramms ist die Versorgung von 650 000 Schulkindern im Jemen mit Snacks, damit sie ohne Hunger die Schule besuchen können.

Unterziele des SDG 2 (Auswahl)
bis 2030
SDG 2.1: Ende des Hungers in der Welt
SDG 2.2: Ende aller Formen der Fehlernährung
SDG 2.3: Nachhaltigkeit in den Systemen der Nahrungsmittelproduktion

Deutschland beteiligt sich 2021 in Rekordhöhe an der Bekämpfung des Hungers in der Welt

Erfüllungsgrad des SDG 2 und Bewertung für ausgewählte Länder

	Deutschland	USA	Kongo	Jemen
Erfüllungsgrad	74 %	70 %	48 %	40 %
Bewertung	große Herausforderungen bleiben	sehr große Herausforderungen bleiben	sehr große Herausforderungen bleiben	sehr große Herausforderungen bleiben

Quelle: Bertelsmann Stiftung: SDG-Index 2021; https://dashboards.sdgindex.org/map/goals/SDG2

Fehlernährung von Kindern weltweit (2020)

45 Millionen sind unterernährt	39 Millionen sind krankhaft übergewichtig

Hunger in der Welt

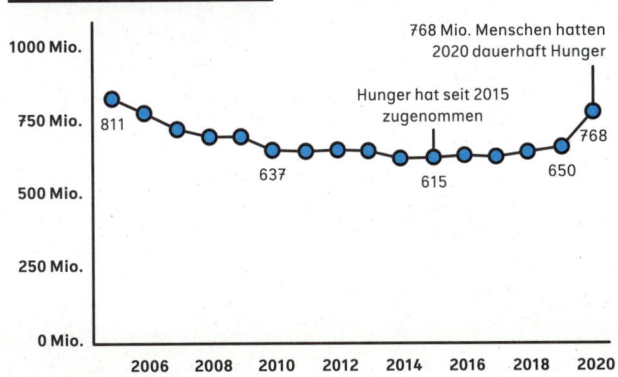

768 Mio. Menschen hatten 2020 dauerhaft Hunger

Hunger hat seit 2015 zugenommen

Quelle: Welternährungsprogramm

Durchschnittliche Lebensmittelabfallmenge je Haushalt in Deutschland

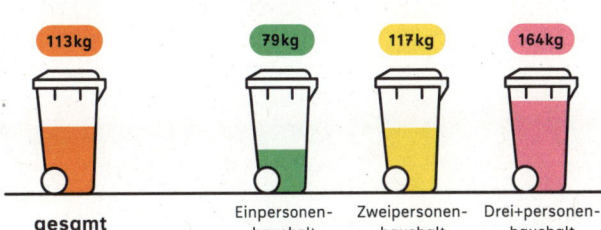

113kg — gesamt
79kg — Einpersonenhaushalt
117kg — Zweipersonenhaushalt
164kg — Drei+personenhaushalt

Hunger in der Welt
Weltkarte des Hungers, erstellt vom Welternährungsprogramm
https://hungermap.wfp.org/

Welthungerindex (Word Hunger Index) 2021, erläutert von der Welthungerhilfe

FAO – UN-Food Agriculture Organisation: Statistiken, Hintergrundberichte, Kurzfilme

Weltagrarbericht des Weltagrarrats
https://www.weltagrarbericht.de/
mit »Wege aus der Welthungerkrise«
https://www.weltagrarbericht.de/themen-des-weltagrarberichts.html

Diercke Weltatlas
Karte zur Ernährung/Ernährungssicherung

Hintergrundinformationen zum SDG 2
Statistik-Berichte zu den SDGs der Vereinten Nationen
https://sdgs.un.org/goals/goal2
https://unstats.un.org/sdgs/report/2020/

Aktivitäten des Welternährungsprogramms
aktuelle Förderprojekte: https://de.wfp.org/

Projekte des Bundesministeriums für wirtschaftliche Zusammenarbeit
Kurzbericht »Eine Welt ohne Hunger«
https://www.bmz.de/de

Factsheet:
Eine Welt
ohne Hunger

Fehlernährung und Lebensmittelverschwendung
Factsheet der WHO: Obesity and Overweight

NGOs
Brot für die Welt
UNICEF
Welthungerhilfe
Adipositas-Gesellschaft

Hunger in der Welt muss nicht sein – jede/ jeder kann etwas dagegen tun
Fairtrade-Produkte kaufen, damit in den Anbauländern faire Löhne gezahlt werden
weniger Fleisch essen, damit weniger Anbauflächen für Viehfutter genutzt werden
Spendensammlungen für Menschen in akuter Not
weitere Ideen siehe Worldfood Programme (WFP)

Sponsorenlauf organisieren und durchführen
Förderprojekt gemeinsam aussuchen
Informationen darüber zusammenstellen
Sportart(en) festlegen: Laufen, Radfahren, Inline-Skating, Rudern etc.
Werben für das Förderprojekt und den Sponsorenlauf bei Mitschülern, Eltern, lokalen Geschäften und Firmen
Teilnehmerpässe erstellen (in Absprache mit den Sponsoren → Werbung!)
Presse informieren
Nun wird's sportlich!
spenden
Bericht über die Verwendung der Spenden

Auch in Deutschland gibt es Hunger
Wir sammeln für die Tafel.
Wir helfen in der Suppenküche.
Wir backen für die Bahnhofsmission.
Wir stellen eine gesunde, klimafreundliche Brotbox für hungrige Mitschüler zusammen und werben für den Verkauf in der Schulmensa.

Gegen Lebensmittelüberproduktion: Wie klappt eigentlich Foodsharing?
https://foodsharing.de

#WirHANDELN!

Schulen gegen den Hunger

Mitarbeitende der internationalen NGO »Aktion gegen den Hunger« kommen an eure Schule, um mit euch die Ursachen von Hunger zu besprechen. Anschließend macht ihr euch bei einem Spendenlauf stark für eine Welt ohne Hunger. Als Schule gegen den Hunger seid ihr Teil einer weltweiten Bewegung.
https://www.schulen-gegen-den-hunger.de

Welthungerhilfe

Unsere Referentinnen und Referenten besuchen eure Schule.

Sponsorenlauf gegen den Hunger in Afrika – wir werben in unserer Schule

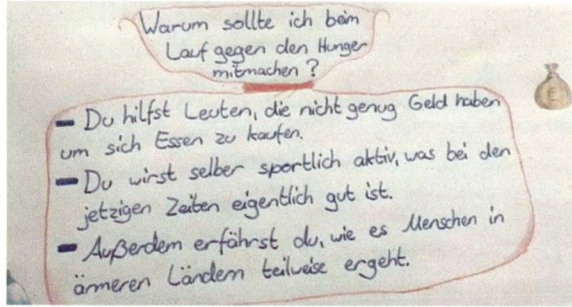

Sponsorenlauf gegen den Hunger in Afrika – wir werben weiter z. B. in der Nachbarschaft, in unseren sozialen Netzwerken, bei lokalen Zeitungen und Geschäften und fragen ein Sponsoring an

Foodsharing – Beispiel Duisburg

Private Gruppe, 3601 Mitglieder
Hallo, schön dass ihr zu uns gefunden habt. Hier könnt ihr eure Lebensmittel, die ihr nicht benutzt und eigentlich in die Tonne schmeißen wollt, anbieten. Aber bitte bedenkt dabei, ob ihr selber das auch noch essen würdet.

Wir suchen uns weitere Partner

... in den Jugendgruppen der Kirchen, in unseren Vereinen oder in den Jugendabteilungen vom Rotary Club oder Lions Club Deutschland

Unser Tag für Afrika

Seit Jahren beteiligen sich an der »Aktion Tagwerk« jährlich ca. 200 000 Schülerinnen und Schüler an 600 Schulen in ganz Deutschland. Sie erhalten einen Tag quasi schulfrei, um zu jobben, z. B. für Afrika. Der Erlös – sieht man von den Corona-Jahren ab – lag jedes Jahr bei mehr als einer Million Euro. Damit werden u. a. Schulküchen in Ländern Ostafrikas finanziert. So wird Bildung erst möglich.

Wir sind Foodsaver und Foodsharer

Derzeit kooperieren mehrere tausend Läden, Restaurants und Kantinen in Deutschland, Österreich und der Schweiz mit uns. Das Ziel: Wir retten gemeinsam Lebensmittel, die nicht mehr verkauft werden sollen.

Entweder nutzen wir die Lebensmittel selber oder wir fairteilen sie an Freunde, Nachbarn, Tafeln oder Suppenküchen. Auch gibt es mehr als 1000 Fairteil-Stellen, das sind »Essenskörbe« oder »Umsonsträume«, also gemeinsame Kühlschränke oder Lagerräume für uns Foodsaver.

Natürlich beginnt das Foodsaven im Privaten. Was wir gerne essen würden, aber was einfach zu viel eingekauft wurde, das geben wir weiter. Mehr als 15 000 Lebensmittel wurden so bereits gerettet.

Wo ihr uns findet? Ganz einfach, schaut auf unsere Karte: https://foodsharing.de/karte

Fairteilung beginnt um 10 Uhr. Bitte keine Einfahrten zuparken, das gibt Ärger mit den Nachbarn. Bitte nur einzeln am Fairteiler aufhalten, Maskenpflicht.
Quelle: https://foodsharing.de/?page=fairteiler&sub=ft&bid=121&id=1085

3 GESUNDHEIT UND WOHLERGEHEN

Augenoptische Grundversorgung für alle

Ein Optiker der EinDollarBrille in Malawi ermittelt die Sehstärke

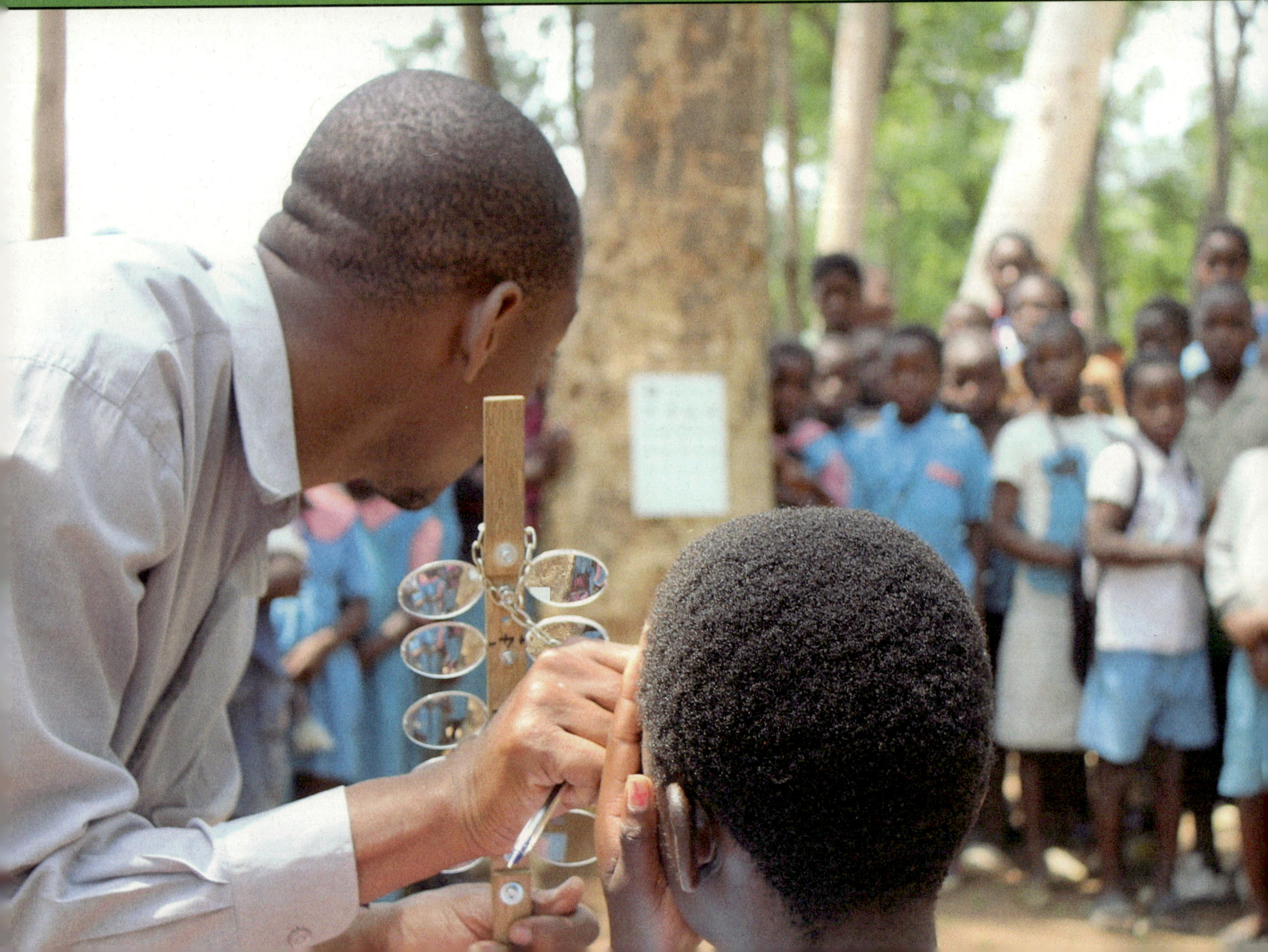

Martin Aufmuth – Gründer von EinDollarBrille

Herr Aufmuth, wie genau sind Sie auf die Idee für die EinDollarBrille gekommen?

MARTIN AUFMUTH: Vor einigen Jahren habe ich in dem Buch »Out of Poverty« von Paul Polak gelesen, dass weltweit Millionen Menschen Brillen bräuchten und keine haben. Damals dachte ich: »So ein großes Problem, da müsste die Politik doch was ändern oder die WHO oder wer sonst für die globalen Probleme zuständig ist.« Am nächsten Tag kam ich mit dem Fahrrad zufällig am Ein-Euro-Laden in unserer Stadt vorbei – in einer Wühlkiste lagen Lesebrillen – für nur einen Euro! Ich dachte: »Seltsam – warum gibt es bei uns im reichen Deutschland Brillen für nur einen Euro und in armen Ländern in Afrika nicht?« Dieser Widerspruch ließ mich nicht mehr los.

Ich begann im Internet zu recherchieren, was es bereits an Lösungen für das Problem gab. Ich fand jedoch nichts, was mich so richtig überzeugte. Deshalb fing ich damit an, selbst eine Brille zu entwickeln. Sie sollte sehr günstig sein, einfach herzustellen, robust und auch hübsch – auch arme Menschen möchten schön aussehen. Nach etlichen Experimenten und Fehlversuchen hatte ich sie dann irgendwann in der Hand: meine erste EinDollarBrille. Weil ich Helferinnen und Helfer brauchte und auch Spenden, habe ich 2012 dann mit ein paar Kolleginnen eine Organisation gegründet, den EinDollar-Brille e. V. Heute habe ich rund 500 Mitarbeitende und wir sind in zehn Ländern in Afrika, Asien und Lateinamerika aktiv (Äthiopien, Burkina Faso, Kenia, Liberia, Malawi, Indien, Myanmar, Bolivien, Brasilien, Peru) und versorgen arme Menschen mit Brillen.

Was motiviert Sie, ständig weiter zu machen?

Nach den aktuellsten Zahlen gibt es rund 950 Millionen Menschen, die eine Brille bräuchten und keine haben. Kinder können in der Schule nicht lernen, Erwachsene nicht arbeiten und für ihre Familien sorgen. Mit einer einfachen Brille kann man das Leben von einem Menschen komplett verändern. Manchmal sind es die kleinen Dinge, die für die Betroffenen Großes bewirken. Mit meiner Organisation möchte ich den Ärmsten weltweit helfen, ein glücklicheres Leben zu führen.

EinDollarBrille – Info

Die EinDollarBrille besteht aus einem extrem leichten, flexiblen und stabilen Federstahlrahmen und wird auf einer einfachen Biegemaschine (Wert 2500 €) vor Ort hergestellt. Die Hersteller können von der Produktion und dem Verkauf der Brillen leben. Die Materialkosten für eine Brille liegen bei rund 1 US-Dollar. Der Verkaufspreis liegt bei 2–3 lokalen Tageslöhnen. So kann sich nahezu jeder die Brille leisten.

Die EinDollarBrille-Techniker kommen dafür zu den Menschen in das Dorf, testen die Menschen vor Ort und versorgen sie mit individuell angepassten Brillen.

Der Aufbau neuer Länder und die Expansion sowie die Trainingskosten und die Kosten für die Biegemaschinen in den Ländern werden durch Spenden finanziert. Die Materialkosten und die Gehälter der Hersteller und Verkäufer finanzieren sich aus dem Verkauf der Brillen vor Ort. Langfristig trägt sich das Projekt selbst.

SDG 3 in Malawi

	Jahr	Wert	Bewertung	Entwicklung
Müttersterblichkeitsrate (pro 100000 Lebendgeburten)	2017	349	🟠	↗
Sterblichkeitsrate bei Neugeborenen (pro 1 000 Lebendgeburten)	2019	19,8	🟠	⬆
Sterblichkeitsrate der unter 5-Jährigen	2019	41,6	🔴	⬆
Lebenserwartung bei Geburt (Jahre)	2019	65,6	🟠	↗
Geburten unter Begleitung von ausgebildetem Gesundheitspersonal (%)	2016	89,8	🟠	⬆
Säuglinge, die zwei WHO-empfohlene Impfungen bekommen haben (%)	2019	92	🟢	⬆
Index für die allgemeine Gesundheitsversorgung (0 = sehr schlecht, 100 = sehr gut)	2017	46	🟠	➡
subjektives Gesundheitsempfinden (0 = sehr schlecht, 10 = sehr gut)	2019	3,9	🟠	➡

Quelle:
https://dashboards.sdgindex.org/static/profiles/pdfs/SDR-2021-malawi.pdf

Begriffe

\# Sterblichkeit von Müttern und Kindern

\# übertragbare Krankheiten (z. B. AIDS oder Tuberkulose)

\# nicht übertragbare Krankheiten (z. B. Krebs oder Diabetes)

\# Zugang zu grundlegenden Gesundheitsdiensten, ohne in finanzielle Nöte zu geraten (z. B. Impfstoff oder Medikamente)

\# Recht auf Selbstbestimmung in der Familienplanung für Mädchen und Frauen

\# Zugang zu Verhütungsmitteln

\# Gesundheitskrise (z. B. Pandemie)

Recherche-Strategie: Aktuelle Zahlen, Daten, Fakten

Nach aktuellen Zahlen, Daten und Fakten können wir mithilfe der Begriffe und bei wichtigen Akteursgruppen recherchieren.

Aktuelle Zahlen zum SDG 3 vom BMZ – Bundesministerium für wirtschaftliche Zusammenarbeit und Entwicklung

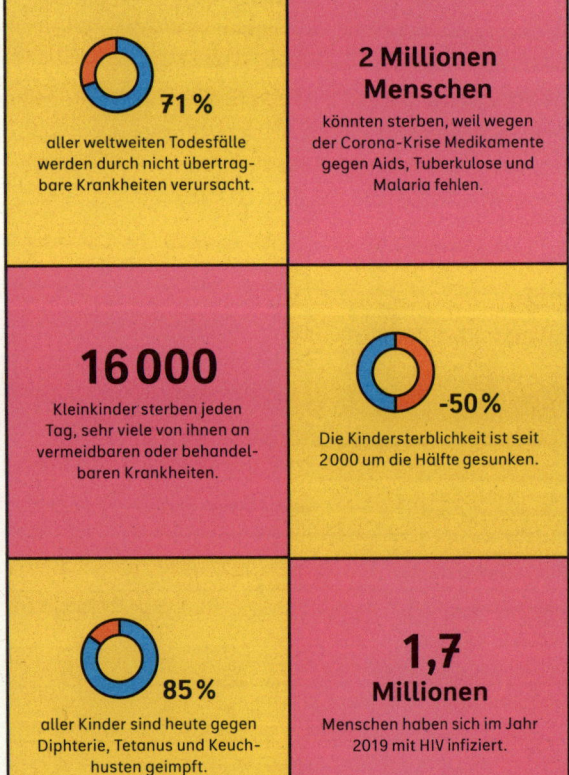

71 % aller weltweiten Todesfälle werden durch nicht übertragbare Krankheiten verursacht.

2 Millionen Menschen könnten sterben, weil wegen der Corona-Krise Medikamente gegen Aids, Tuberkulose und Malaria fehlen.

16 000 Kleinkinder sterben jeden Tag, sehr viele von ihnen an vermeidbaren oder behandelbaren Krankheiten.

-50 % Die Kindersterblichkeit ist seit 2000 um die Hälfte gesunken.

85 % aller Kinder sind heute gegen Diphterie, Tetanus und Keuchhusten geimpft.

1,7 Millionen Menschen haben sich im Jahr 2019 mit HIV infiziert.

Quelle: https://www.bmz.de/de/agenda-2030/sdg-3

Ideen

\# Aktionsbündnis

Die Stiftung »Gesunde Erde – Gesunde Menschen« hat der Influencer Dr. Eckhart von Hirschhausen im März 2020 gegründet, um deutlich zu machen, dass es gesunde Menschen nur auf einem gesunden Planeten geben kann. Dazu setzt die Stiftung u. a. auf Social Media Kampagnen wie bei »What if – in 80 Fragen um die Welt«.

\# World Sight Day – Welttag des Sehens

Alljährlich am zweiten Donnerstag im Oktober findet seit 2000 der Welttag des Sehens statt. Ziel ist es, einerseits auf Blindheit und Sehbehinderungen aufmerksam zu machen, andererseits aber auch über die Bedeutung des Auges und seine Pflege zu informieren.

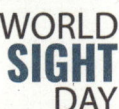

\# Ausstellung »Globale Gesundheit beginnt bei uns«

Gerade weniger sichtbare Themen wie Gesundheit und Wohlergehen können durch Ausstellungen präsenter werden. action medeor e. V., nach eigenen Angaben das größte Medikamenten-Hilfswerk Europas, hat die lohnende Ausstellung »Globale Gesundheit beginnt bei uns« konzipiert und bietet sie inklusive Materialien kostenfrei zum Download an.

Herr Aufmuth, was raten Sie Schülerinnen und Schülern, wenn sie sich auch für eine bessere Gesundheit bzw. ein ähnliches Projekt engagieren wollen?

MARTIN AUFMUTH: Oft hört man Erwachsene über die Probleme jammern – sie sagen »Ich kann doch sowieso nichts ändern.« Aber genau das ist falsch. Ihr könnt etwas verändern – auch im ganz großen Stil. Gibt es etwas, das euch bedrückt, wo ihr denkt »Da müsse man doch etwas tun!«, z. B. beim Klimaschutz, gegen den Hunger, für den Tierschutz? Dann sucht euch am besten im Internet erst mal eine Organisation, die sich darum kümmert und fragt einfach, ob ihr mitmachen könnt. So habe ich das am Anfang auch gemacht. Oder wenn ihr selbst eine gute Idee habt, die ihr umsetzen möchtet, dann sprecht ein paar Freunde an, ob sie mitmachen oder euch unterstützen möchten. Und dann legt einfach mal los. Ich hätte vor ein paar Jahren im Traum nicht gedacht, was ich als einfacher Mathematik- und Physiklehrer alles bewirken kann.

Wichtige Akteursgruppen

Deutsche Plattform für Globale Gesundheit (Netzwerk vieler deutscher Initiativen und NGOs)

globale Akteure (z. B. WHO – Weltgesundheitsorganisation, UNICEF – Kinderhilfswerk der Vereinten Nationen)

Ärzte ohne Grenzen – größte unabhängige Organisation für medizinische Nothilfe

Stiftungen (z. B. Gesunde Erde – Gesunde Menschen, Bill und Melinda Gates Fundation)

nationale Institutionen (z. B. BZgA – Bundeszentrale für gesundheitliche Aufklärung, BVL – Bundesamt für Verbraucherschutz und Lebensmittelsicherheit, RKI – Robert-Koch-Institut, PEI – Paul-Ehrlich-Institut)

GHA-D – Global Health Alliance Deutschland – ein Netzwerk von Studierenden und Lehrenden mit Interesse an und Expertise in globaler Gesundheit

lokale Akteure: Arztpraxen (Allgemeinmedizin/Fachgebiete), Apotheken

Personen aus der Politik, der Wissenschaft, der Wirtschaft, von der Presse oder aus Social Media

Herr Aufmuth, was müsste aus Ihrer Sicht passieren, damit wir uns als Gesellschaft noch stärker für die Gesundheit und das Wohlergehen aller einsetzen?

MARTIN AUFMUTH: Die Gesellschaft, das sind wir: du, ich und andere. Also einzelne Menschen. Und auch die großen Probleme können am Ende nur von einzelnen Menschen wie dir, mir und anderen gelöst werden. Das Spannende ist: Wenn man einmal mit irgendeiner Kleinigkeit anfängt, selbst aktiv wird, dann merkt man, dass man etwas bewirken kann. Und dann macht man vielleicht eine größere Aktion, begeistert mehr Menschen mitzumachen. Ganz viele Menschen sind gerne bereit bei einer guten Sache mitzumachen – du musst nur damit anfangen. Wer etwas unbedingt verändern will, wird es auch schaffen.

Ausstellung zur weltweiten Nothilfe

Jedes Jahr geht die Freilichtausstellung »Im Einsatz mit Ärzte ohne Grenzen« auf Tour und macht in zahlreichen deutschen Städten halt. Ärzte ohne Grenzen möchte mit dieser Ausstellung die eigene Arbeit erlebbar machen. Das Besondere an der Ausstellung ist die Begegnung mit Menschen, die für Ärzte ohne Grenzen im Einsatz sind. Die aufgebaute Zeltstadt der Ausstellung vermittelt zusätzlich die Atmosphäre eines Einsatzes.

Neu ist die Online-Ausstellung »Im Einsatz ohne Grenzen«, die für Aktionstage in der Schule gut geeignet ist.

Weitere Inspirationen bietet die österreichische Seite von Ärzte ohne Grenzen: Die Jugendaktion »Break the Silence« möchte zum gemeinsamen Handeln aufrufen und bietet verschiedene Ideen an.

Weitere Ideen

Spendenaktionen – insbesondere in Notsituationen (z. B. Spendenlauf, Weihnachtsmarkt)

4 HOCHWERTIGE BILDUNG

Bildung – auf die Frauen kommt es an!

CAMFED – Campaign for Female Education

Samia Suluhu Hassan, Tansanias Präsidentin bei ihrer Vereidigung am 19.03.2021

»Meine ersten Amtshandlungen waren unter anderem die sofortige Besetzung von 6000 offenen Stellen für Lehrerinnen und Lehrer und die Rückkehr schwangerer Mädchen in die Schule.«

Wer ist Samia Suluhu Hassan?

Mama Samia, wie sie mittlerweile liebevoll von vielen Tansanianerinnen und Tansanianern genannt wird, ist Tansanias erste weibliche Regierungschefin. Mit viel neuem Spirit übernahm die Mutter von vier Kindern nach dem Tod des Amtsvorgängers im März 2021 die Regierungsgeschäfte.

Welche Karriereschritte waren wichtig für Suluhu Hassan?

Zunächst hatte Suluhu Hassan, geboren 1961 auf Sansibar, die Möglichkeit – für damalige Verhältnisse etwas sehr Besonderes –, einen Sekundarschulabschluss zu erwerben. Sie arbeitete dann u. a. beim Worldfood-Programe (s. SDG 2) und studierte schließlich in Manchester Wirtschaftswissenschaften. Ein partnerschaftlich von einer tansanischen und US-amerikanischen Universität organisiertes Fernstudium schloss sie mit einem Masterabschluss in »Community Economic Development« ab. Ihre politische Karriere war sehr erfolgreich. Sie wurde als Abgeordnete mir mehr als 80 % Stimmenanteil wiedergewählt, war dann zunächst Ministerin und Vize-Präsidentin in Tansania.

Was hat Suluhu Hassan schon erreicht?

Sie wird mit folgendem Satz zitiert: »No nation can make progress without contibutions from women.« Und tatsächlich wird in einem neuen 5-Jahresplan für die Entwicklung Tansanias großer Wert auf Empowerment für Frauen gelegt, inklusive der Schaffung von Arbeitsplätzen. Viele Positionen in der Regierung sind mittlerweile mit Frauen neu besetzt worden.

SDG 4: Inklusive, gleichberechtigte und hochwertige Bildung gewährleisten und Möglichkeiten lebenslangen Lernens für alle fördern

Zahlen und Fakten zu den Unterzielen:

Art. 11.2 der Verfassung der Republik Tansania

Every person has the right to access education, and every citizen shall be free to pursue education in a field of his choice up to the highest level according to his merits and ability.

Einschulungsraten für die Primar- und Sekundarschule in Tansania

Die Erfolge Tansanias in der Verbesserung schulischer Grundausbildung sind beachtlich. Das sieht man an den Einschulungsraten von annähernd 100 %. Hauptproblem ist jedoch die geringe Zahl von Sekundarschulen in Tansania, welche die vielen, vielen Absolventen der Grundschulen nicht aufnehmen können. Nicht einmal 3 % der jungen Frauen erreichen einen Sekundarschulabschluss.

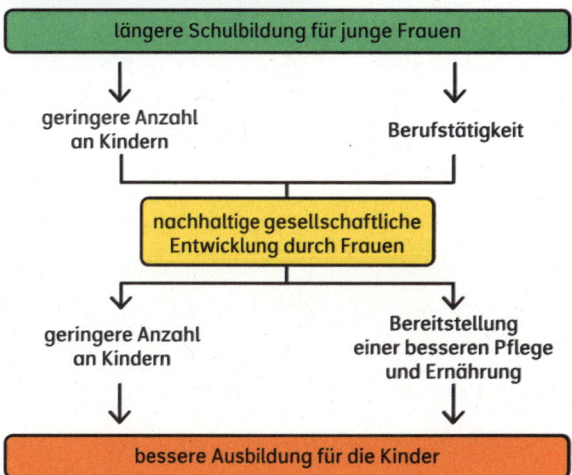

Einfluss von Schulbildung auf junge Frauen und ihre Kinder

längere Schulbildung für junge Frauen

↓ ↓

geringere Anzahl an Kindern   Berufstätigkeit

nachhaltige gesellschaftliche Entwicklung durch Frauen

↓ ↓

geringere Anzahl an Kindern   Bereitstellung einer besseren Pflege und Ernährung

↓ ↓

bessere Ausbildung für die Kinder

Stellungnahme der Schulleiterin Magreth, private Kiumako-Secondary School, Mrimbo (Tansania)

Ich bin für das beste Schulleitungsexamen vom tansanischen Staat mit einem Preis ausgezeichnet worden. Trotzdem habe ich fast keine Chancen, an den öffentlichen Schulen des Landes eine entsprechende Stelle zu erhalten. Sie sind noch von Männern dominiert. Dies ist an »meiner« privat finanzierten Sekundarschule nicht mehr der Fall.

Begriffe

\# Geburtenrate, Sterberate
\# Bevölkerungswachstum
\# Fertilitätsrate
\# demographischer Bonus
\# demographische Dividende

Afrikas Zukunft ist weiblich

Magazin mit Fakten und Beispielen:

CAMFED – Campaign for Female Education

CAMFED ist eine internationale Nichtregierungsorganisation, die 1993 gegründet wurde und deren Aufgabe es ist, die Armut in Afrika durch die Ausbildung von Mädchen und die Stärkung junger Frauen zu beseitigen.

Schirmherrin von CAMFED ist übrigens die ehemalige australische Ministerpräsidentin Julia Gillard.
http://camfed.org/eur/

Richtig spenden – so erkennt man seriöse Organisationen

\# Besitzt die Organisation ein Siegel/Zertifikat?
\# Hat die Organisation einen renommierten Schirmherr/eine Schirmherrin?
\# Wird sie auch von (inter-)national glaubwürdigen Persönlichkeiten unterstützt?
\# Ist die Organisation mit Preisen für ihre Tätigkeit ausgezeichnet worden?
\# Informiert die Organisation umfassend auf ihrer Homepage über Projekte?
\# Erhält man konkrete Antworten auf Anfragen?
\# Veröffentlicht die Organisation Berichte über ihren Haushalt (mehr als 30 % sollten nicht für Werbung und Verwaltung anfallen)?
\# Wird sachlich und nicht mit Katastrophenberichten auf förderwürdige Vorhaben aufmerksam gemacht?
\# Entsprechen die Vorhaben den SDGs?
vgl. auch Deutsches Zentralinstitut für soziale Fragen (https://www.dzi.de/), Deutscher Spendenrat (https://www.spendenrat.de/)

Globales Handeln mit authentischen Erfahrungen

Ziel des Programms »Bildung trifft Entwicklung« (BtE) ist es, Schülerinnen und Schülern in Deutschland globale Zusammenhänge in ihren Lebenswelten erfahrbar zu machen.
https://www.bildung-trifft-entwicklung.de/

So organisiert man Schulpartnerschaften mit dem Globalen Süden

Nord-Süd-Schulpartnerschaft – wie geht das?
Eine Orientierungshilfe

Beteiligung an Schüler-/Schulwettbewerben
https://www.eineweltfueralle.de/

CHAT der WELTEN

Statt übereinander miteinander reden!

Wir beteiligen uns mit anderen an ...

Kampagnen von UN Women Deutschland

Terres des Femmes e. V.
lokalen Gender@Schul-Initiativen

Thomas-Strittmatter-Gymnasium, St. Georgen engagiert sich

Gewonnene Preise:

Schulwettbewerb zur Entwicklungspolitik 2017/2018 (www.eineweltfueralle.de)

ENSA-Preis für einen vorbildlichen entwicklungspolitischen Schulaustausch

Das Thomas-Strittmatter-Gymnasium in St. Georgen hat gleich mehrere Partnerschaften

Resultat eines Sponsorenlaufs an der Selma-Lagerlöf-Gemeinschaftsschule in Ahrensburg für den Aufbau einer Sekundarschule in Tansania (Träger: Rafiki e. V.)

Von Rafiki gefördert: die Kiumako Secondary School

Klassen-Patenschaft – klasse Partnerschaft

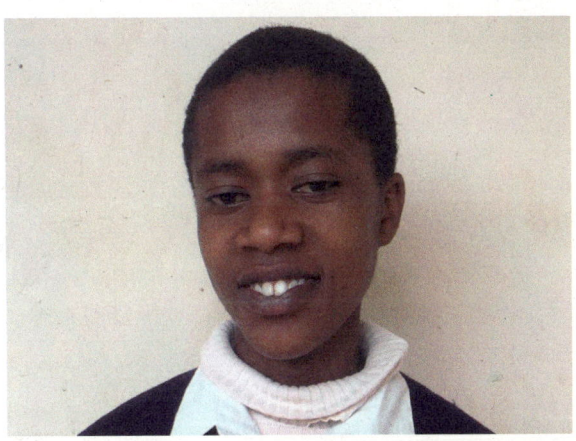

KIUMAKO SEC. SCHOOL
P.O. BOX 870,
Moshi

19th July 2021

Dear Claas,
It's my hope that your and your family are all fine.
Like wise, we are fine too. My name is Jenifa, my father's name is Joseph and my mothers' name is Epiphania.
I am a female student at KIUMAKO SECONDARY SCHOOL, aged fifteen years. I am in form one. I would like to extend my sincere thanks to you for your hospitality on paying my annual school fees. My family is unable due to bad economic situation.
I promise to work hard in lessons
May God bless you in your daily activities.
Yours friendly
Jenipha.

Empowerment von Frauen

Ivy Barley, Ghana

Women in Tech in Ghana

Ivy Barley zählt zu den »50 most Influencial Young Ghanaians«, sie gewann den #eSkills4Girls-Wettbewerb in Berlin.

»Die Zukunft der Tech-Branche ist weiblich und afrikanisch", davon ist Ivy überzeugt. Sie selbst ist Teil dieser Zukunft: Schon als junges Mädchen war sie von IT begeistert. Ihr wurde schnell klar, dass sie die Welt von ihrem eigenen kleinen Zuhause aus beeinflussen konnte, wenn sie selbst Software entwickelte. Sie brauchte nichts weiter als einen Computer, Strom und eine Internetverbindung. Also brachte sie sich selbst das Programmieren bei.

Im Jahr 2017 unterrichtete Ivy Mathematik, Statistik, Physik und Informatik an der African Science Academy (ASA), einer Mädchenschule für Naturwissenschaften und Mathematik. [...]

Noch im selben Jahr gründete sie »Developers in Vogue«, einen Zusammenschluss von afrikanischen Frauen aus dem Tech-Bereich, die sich gegenseitig unterstützen. Ivy und ihr Team geben seitdem Programmierkurse für Frauen und vermitteln sie in Projekte und Jobs, wo sie ihre Kenntnisse anwenden und Geld verdienen können.

Quelle: Bundesministerium für wirtschaftliche Zusammenarbeit und Entwicklung (BMZ), Berlin 2021 (https://www.bmz.de/de/entwicklungspolitik/women-in-tech/ivy-barley-21328)

Gender Gap Index

Weltkarte zum Gender Gap Index

Der Gender Gap Index (Index der geschlechtsspezifischen Ungleichheit) ist ein Indikator, der die Gleichstellung der Geschlechter darstellt. Berücksichtigt werden die Bereiche Gesundheit, Politik, Bildung und Arbeit. Er wird gebildet aus den fünf Faktoren: Müttersterblichkeit, Geburtenrate von Jugendlichen, Frauenanteil im Landesparlament, sekundäre Schulbildung, Erwerbsbeteiligung. Er kann Werte zwischen 0 und 1 annehmen. Je kleiner der Wert, desto weniger sind Frauen gegenüber Männern benachteiligt.

Women Empowerment

»Women Empowerment« kann mit »Frauen stärken« übersetzt werden. Unabhängige, selbstbewusste und mutige Frauen, die entgegen vieler offener und versteckter Diskriminierungen in der Familie, im Alltag, in der Ausbildung und im Beruf ihr Leben selbstbestimmt vertreten – das ist das Ziel von Women Empowerment.

Empowerment-Kick – aus einem Forschungsbericht

[Fußballsport kann ein Mittel sein], um eine Lösung der Geschlechtergerechtigkeit herbeizuführen und das Empowerment von Frauen in einer Gesellschaft zu stärken. [...]

Die Kenianerin Abdulkadi Aden berichtet: »It doesn't matter how we dress with the power of just being on the pitch and kicking that ball. It gives the girls confidence, it gives them a voice, it gives them a choice."

Quelle: Karacan, Lara: Frauenfußball, Empowerment und Entwicklung. Eine qualitative Inhaltsanalyse über das Empowerment von Frauen durch den Frauenfußball. Masterarbeit, Universität Wien, 2021, S. 67, S. 107 (https://www.vfw.or.at/wp-content/uploads/2021/09/Karacan-2021-Masterarbeit-Internationale-Entwicklung.pdf)

#eSkills4Girls – Wie werden digitale Kompetenzen von Frauen und Mädchen gefördert?

Ein sehr lesenswerter Bericht! Fakt ist, dass #eSkills4Girls ein Schlüsselthema unserer Zukunft ist. Das wird hier deutlich. Und wir können alle unseren Beitrag zur digitalen Teilhabe (junger) Frauen leisten und damit zur Chancengleichheit gemäß SDG 5 beitragen. Die in der Studie integrierten Zitate von Tech-Women gehen unter die Haut. Und tatsächlich sind Entwicklungspartnerschaften für #eSkills4Girls schon sehr erfolgreich. Beispiele aus aller Welt dokumentieren dies.

Meet Women in Tech

Zum Beispiel:

Janina Kugel – Arbeitsdirektorin und Vorstandsmitglied der Siemens AG, Deutschland

Nayla Zreik Fahed – Mitbegründerin von Lebanese Alternative Learning, Libanon

Mmaki Jantjies – Informationsdozentin Universität des Westkap, Südafrika

Grazia Vattadini – Vorstand Airbus, Frankreich/Italien

Zarah Sha – Programmleiterin Re:Coded, Irak, Pakistan

Ivy Barley – Mitbegründerin Developers in Vogue, Ghana

Beispiele für Women in Tech

Karishma Ali, pakistanische Fußballerin

Karishma Ali wird in einem weltweit sehr beachteten Wirtschaftsmagazin in der Liste der Top 30 junger Asiatinnen und Asiaten aufgeführt, die sich vorbildlich für Innovation und ein fortschrittliches Unternehmertum einsetzen. Sie sieht Sport als wichtig an für die Selbstfindung und Selbstverwirklichung junger, benachteiligte Frauen.

Interview mit Karishma Ali

Girls'Day

Der Girls'Day – Mädchen-Zukunftstag ist ein bundesweiter Aktionstag, an dem Schülerinnen ab der Klasse 5 die Möglichkeit haben, Berufe kennenzulernen, in denen bislang eher wenig Frauen vertreten sind.

https://www.girls-day.de/

Unternehmerische Verantwortung einfordern! – ein Beispiel von Corporate Social Responsibility/Corporate Citizenship der Siemens AG

Alexandra gehört zu den ärmsten Gemeinden in Johannesburg, Südafrika. Es gibt kaum Beschäftigungsmöglichkeiten für die lokale Gemeinschaft. Alexandra Series ist ein Programm, das eingerichtet wurde, um dies zu ändern. Es soll ein lokales, von schwarzen Frauen geführtes Unternehmen in Alexandra in die Lage versetzen, regional und international sichtbar zu werden und zu wachsen.

Quelle: Siemens Aktiengesellschaft: Alexandra Series. München 2021 (https://new.siemens.com/at/de/unternehmen/nachhaltigkeit/empowering-people.html)

VfL Kellinghusen meets Tansania

Die komplette Damenmannschaft des VfL Kellinghusen ist nach Tansania gereist und spielte dort gegen einheimische Damenteams. Dadurch wollten die Fußballerinnen sich für die Stärkung der Frauen in der tansanischen Gesellschaft einsetzen.

Ivy Barley @ Developers en Vogue

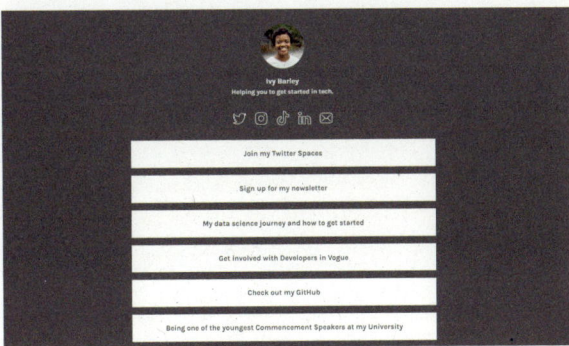

https://linktr.ee/ivybarley

CHAT der WELTEN

https://www.bildung-trifft-entwicklung.de/de/ueber-cdw.html

Bei CHAT der WELTEN kommunizieren Schülerinnen und Schüler in Deutschland über digitale Medien mit Menschen in Asien, Afrika und Lateinamerika. Die Schülerinnen und Schüler reden nicht übereinander, sondern miteinander. So gelingt globales Lernen.

Blogs, Vereine, Influencerinnen und Influencer

\# Female Empowerment im Sport
\# Trailbirdie
\# Frauen in Bewegung
\# Scoring Girls
\# Sportfrauen
\# Africa United – Sports
\# Frauen in Bewegung
\# Lisa Zimouche
\# Toni Garrn Foundation
\# initiativechefsache (Instagram 13.9 k) – Netzwerk deutscher Organisationen, das sich für die Chancengerechtigkeit von Frauen und Männern in der Arbeitswelt einsetzt

Bundespreisträger Startscocial 2015: Jambo Bukoba

https://www.jambobukoba.com/maedchen-bildung-tansania/

Jambo Bukoba unterstützt Projekte im Nordwesten Tansanias in den Bereichen Bildung, Gesundheit und Gleichberechtigung. Grundlage ist Hilfe zur Selbsthilfe und Sport für Entwicklung. Ziel ist eine nachhaltige und ganzheitliche Förderung von Kindern und Jugendlichen in Afrika.

Victoria Schnaderbeck, Kapitänin der österreichischen Fußball-Nationalmannschaft und Spielerin beim FC Arsenal London:

»Ich unterstütze Jambo Bukoba. Denn Sport ist für Kinder sehr wichtig. Er ist ein starkes Werkzeug, um Selbstwertgefühl und Selbstbewusstsein zu entwickeln. Sport lehrt uns, Verantwortung zu übernehmen. Er lehrt uns, stark zu sein und sich durchzusetzen.

Die Stärkung von Frauen und Gleichberechtigung sind für mich sehr wichtig. Ich unterstütze diese Themen, wo ich kann, sowohl im Fußball als auch in der Außenwelt.«

Quelle Zitat: Jambo Bukoba, München 2021 (https://www.jambobukoba.com/changemakerin-des-monats-viktoria-schnaderbeck/)

Interview mit Victoria Schnaderbeck, Changemakerin des Monats bei Jambo Bukoba

Nachhaltigkeitsprojekte in der Schule
\# https://Girlhype.co.za
\# https://Musodev.com
\# https://Shecodeafrica.org

6 SAUBERES WASSER UND SANITÄREINRICHTUNGEN

Zugang zu sauberem Trinkwasser

WasserKiosk des Berliner Unternehmens Boreal Light reinigt Wasser mithilfe von Solarstrom, den die Anlage selbst erzeugt. Das Wasser wird für relativ wenig Geld verkauft, aber nicht verschenkt. WasserKioske sind auch wichtige Treffpunkte.

Ali Al-Hakim –
Geschäftsführer
von Boreal Light

Herr Al-Hakim, wie genau sind Sie auf die Idee für den Wasserkiosk gekommen?
ALI AL-HAKIM: Wir haben persönlich vor Ort gesehen, wie teuer die Wasserpreise sind und konnten nachvollziehen, weshalb viele Menschen sich kein sauberes Wasser leisten können. Viele große Konzerne verkaufen in Afrika ein Liter Wasser für einen Dollar – das ist fünfmal teurer als das, was wir in Deutschland bezahlen müssen, wobei man in Deutschland mindestens das Fünffache verdient. Das ist einfach nicht gerecht, weil die Menschen vor Ort nichts dafür können, wo sie geboren sind.

Was motiviert Sie, ständig weiter zu machen?
Sowohl die Freude bei den Bewohnern, wenn wieder ein neuer WasserKiosk eröffnet wird, als auch die Tatsache, dass wir etwas Wirkliches bewirken und verändern. Es ist nicht nur eine Idee, sondern das Leben von Tausenden Menschen kann hiermit vereinfacht werden.

Was raten Sie Schülerinnen und Schülern, wenn sie sich auch für mehr sauberes Wasser bzw. ein ähnliches Projekt engagieren wollen?
Wir haben nur einen Planeten, und dieser sollte auch für nachfolgende Generationen erhalten bleiben. Jeder kann etwas verändern, wartet daher nicht auf die Politik oder Konzerne, sondern versucht, es selbst zu verändern.

Was müsste aus Ihrer Sicht passieren, damit wir uns als Gesellschaft noch stärker für einen besseren Zugang zu sauberem Wasser und guten sanitären Einrichtungen einsetzen?
Es muss mehr in den Medien darüber berichtet werden. Nur so können sich Menschen in die Lage von anderen Menschen hineinversetzen. Viele Menschen in Deutschland wissen nicht, dass in manchen Orten in Afrika die Einwohner bis zu 4 km laufen müssen, nur um eine Toilette oder auch Trinkwasser zu finden. Oft sind es kleine Kinder oder Frauen, die für den Wassertransport zuständig sind.

Wasserentnahme in Deutschland

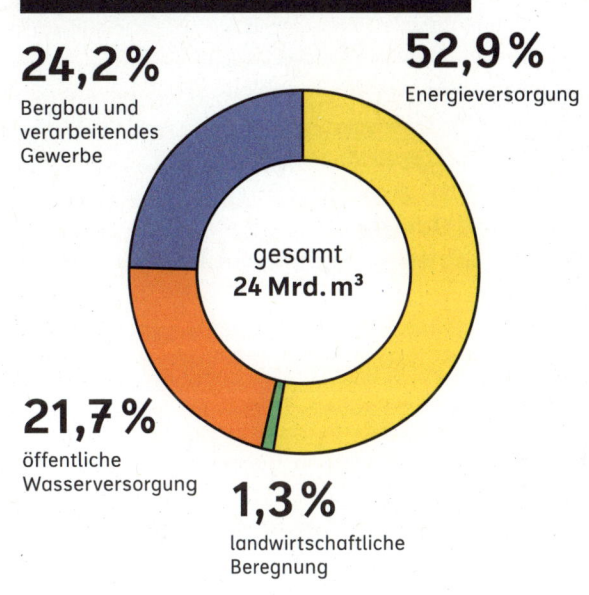

24,2 %
Bergbau und
verarbeitendes
Gewerbe

52,9 %
Energieversorgung

gesamt
24 Mrd. m³

21,7 %
öffentliche
Wasserversorgung

1,3 %
landwirtschaftliche
Beregnung

Quelle: https://www.dw.com/de/wasserarmut-wasserknappheit-d%C3%BCrre-in-deutschland-nationaler-wasserdialog-wasserstrategie/a-56227882

Wasserverbrauch in Deutschland pro Person und Tag

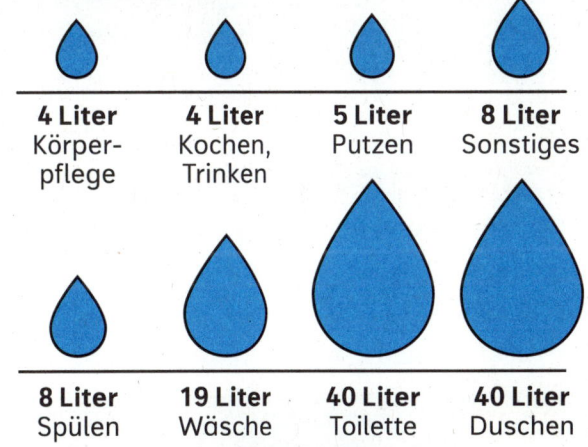

4 Liter
Körper-
pflege

4 Liter
Kochen,
Trinken

5 Liter
Putzen

8 Liter
Sonstiges

8 Liter
Spülen

19 Liter
Wäsche

40 Liter
Toilette

40 Liter
Duschen

gesamt ca.
128 l

Quelle:
https://badezimmer.com/einrichten/wasserverbrauch-im-haushalt-78509

Virtuelles Wasser – Wasserverbrauch für die Produktion von ...

1 Smartphone – ca. 1500 l
1 T-Shirt – ca. 4000 l
1 Jeans – ca. 10000 l
1 Computer – ca. 20000 l
1 Auto – ca. 400000 l

#WirRecherchieren

Begriffe

\# virtuelles Wasser

\# grünes, blaues und graues Wasser

\# Wasserfußabdruck

\# fossiles Grundwasser

\# Day Zero in Kapstadt

Lohnende Quellen

Nationale Wasserstrategie der Bundesregierung (BMUV – Bundesministerium für Umwelt, Naturschutz, nukleare Sicherheit und Verbraucherschutz)
Nationaler Wasserdialog – BMUV (https://www.bmu.de/wasserdialog)

Filmtipps

Bottled Water

Der Dokumentarfilm zeigt, wie der Global Player Nestlé vorgeht, um aus Leitungswasser ein teures Lifestyleprodukt zu machen.

Flow – Wasser ist Leben

Fünf Jahre lang reiste das Team um den Globus, um zu verdeutlichen, wie die Privatisierung von Trinkwasserquellen durch internationale Großkonzerne die Wasserknappheit verschärft.

Wasserverbrauch für den Anbau von Lebensmitteln (pro kg)

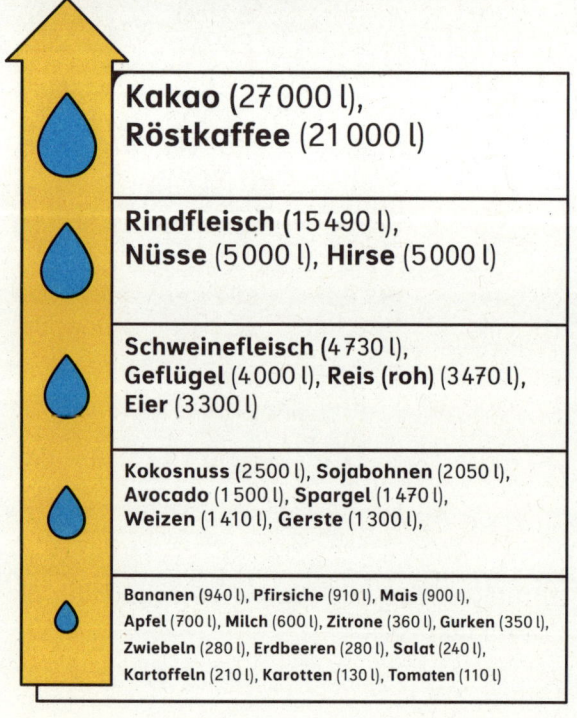

Kakao (27 000 l), **Röstkaffee** (21 000 l)

Rindfleisch (15 490 l), **Nüsse** (5 000 l), **Hirse** (5 000 l)

Schweinefleisch (4 730 l), **Geflügel** (4 000 l), **Reis (roh)** (3 470 l), **Eier** (3 300 l)

Kokosnuss (2 500 l), **Sojabohnen** (2 050 l), **Avocado** (1 500 l), **Spargel** (1 470 l), **Weizen** (1 410 l), **Gerste** (1 300 l),

Bananen (940 l), **Pfirsiche** (910 l), **Mais** (900 l), **Apfel** (700 l), **Milch** (600 l), **Zitrone** (360 l), **Gurken** (350 l), **Zwiebeln** (280 l), **Erdbeeren** (280 l), **Salat** (240 l), **Kartoffeln** (210 l), **Karotten** (130 l), **Tomaten** (110 l)

#WirEntwickelnIdeen

Wasserfußabdruck

Wasser im Haushalt (Kochen, Trinken, Putzen, Waschen, Körperpflege, Toilette etc.)

Wasser für die Produktion (Wasser für Waren, die in Deutschland hergestellt werden = interner Wasserfußabdruck)

direkter Wasserverbrauch

Wasser für die Produktion (Wasser für Waren, die weltweit hergestellt und in Deutschland konsumiert werden = externer Wasserfußabdruck)

indirekter Wasserverbrauch

Wasserfußabdruck Deutschlands

Zusammensetzung des Wasserfußabdrucks

In Deutschland verbraucht jeder Mensch im Durchschnitt 5000 Liter Wasser am Tag. Denn zur Produktion z. B. von Nahrungsmitteln oder Kleidung wird viel Wasser benötigt.

Die Wasserampel ermöglicht einen wasserfreundlichen Einkauf.

https://wfd.de/wasserampel/

4 Tipps zum Schutz von Trinkwasser

Tipp 1: Das Waschbecken bzw. die Toilette ist kein Mülleimer!

Medikamente, Essens- oder Farbreste sowie Tierstreu gehören nicht in den Abfluss.

Tipp 2: Den Wasserfußabdruck beim Konsum beachten!

Nach Möglichkeit auf Produkte mit hohem Wasserfußabdruck verzichten. Beispiele: Rindfleisch (15 490 Liter/kg), Jeans (ca. 8000 Liter), Computer (ca. 20 000 Liter).

Tipp 3: Sauber bleiben beim Säubern!

Siegel auf Reinigungsmitteln weisen auf eine geringe Schadstoffkonzentration hin. Genauso wichtig: Reinigungsmittel nur in geringen Mengen einsetzen!

Tipp 4: Plastik gehört nicht ins Wasser!

Das gilt auch für Mikroplastik, das durch Kosmetik, bei der Wäsche von Funktions- und Fleecebekleidung sowie über Reiniger ins Abwasser gelangt – und so auch in die Natur.

#WirHANDELN!

Wichtige Akteursgruppen

\# Viva con Agua unterstützt sauberes Trinkwasser weltweit! Mit positivem Aktivismus und jeder Menge Freude verschreibt sich der gemeinnützige Verein und das internationale Netzwerk aus Menschen und Organisationen der Vision WASSER FÜR ALLE – ALLE FÜR WASSER. Viva con Agua unterstützt Wasser-, Sanitär- und Hygieneprojekte (WASH) mit lokalen und internationalen Partnerorganisationen.

Mit dem Viva Alpagua, dem freundlichen blauen Alpaka, eröffnet Viva con Agua eine neue Welt für Kinder und Erwachsene. Das Alpagua singt 17 Songs zu den 17 Zielen für nachhaltige Entwicklung der UN – Social Hits for Kids. Die Songs und Geschichten werden von der bekannten Produzen-

tin Josi Miller entwickelt und viele bekannte Musikerinnen und Musiker verwandeln sich darauf in Tiere und werden Teil der Viva Alpagua Geschichte. Natürlich hat das Viva Alpagua auch einen eigenen Auftritt auf Social Media:

 Alpaguas Homepage

 Alpagua auf Instagram

\# WASH-Netzwerk (WASH = Wasser, Sanitärversorgung und Hygiene) – Netzwerk aus über 20 NGOs aus Deutschland mit vielen Aktionen – insbesondere zum Weltwassertag am 22. März und zum Welttoilettentag am 19. November

\# Right 2 Water – europäische Bürgerinitiative

\# UN Water – Unterorganisation der UN seit 2003

\# Kommunen bzw. Gemeinden – häufig das Umweltamt

\# Wasserwerke

\# Hersteller von nachhaltigen Trinkflaschen

\# Politikerinnen und Politiker – vor Ort, auf Landesebene und national im Bundestag

\# Wissenschaft – Expertinnen und Experten für den Überblick

\# Medien/Presse

\# Influencerinnen und Influencer

World Water Day – 22. März

Der Weltwassertag wurde auf der legendären Nachhaltigkeitskonferenz in 1992 in Rio de Janeiro vorgeschlagen, Ende des Jahres 1992 von der UN-Generalversammlung beschlossen und seit 1993 durchgeführt.

In Deutschland wird alle zwei Jahre die Flusslandschaft des Jahres gekürt. Die Vereinten Nationen fordern ihre Mitgliedsstaaten dazu auf, an diesem Tag, konkrete Aktionen und Initiativen in ihrem Land zu unterstützen.

Wasserspender & Trinkflaschen

Trinkwasserspender sind etwas Großartiges, denn sie spenden etwas sehr Wertvolles – nämlich eine Lebensgrundlage. Gleichzeitig bestärken sie uns, unsere eigene Trinkflasche mitzunehmen und nicht eine Einweg-Plastikflasche zu kaufen. Jede Stunde werden in Deutschland zwei Millionen Einweg-Plastikflaschen verbraucht. Daher lohnt es sich, wenn wir uns für das Aufstellen von Trinkwasserspendern einsetzen – sei es in der Schule oder in der Öffentlichkeit – und am besten werden auch noch Trinkflaschen dazu angeboten.

Poetry Slam Aktion

Öffentlichkeitswirksame Aktionen können beispielsweise ein Poetry Slam sein. Rita Apel ist mit ihrem Text zum Mikroplastik sehr erfolgreich.

Wasser für Kenia – Gemeinsam gegen die Dürre

Initiative von Almut und Christoph Stein

Saubere Energie für alle

Angehende Solaringenieurinnen mit einer Fotovoltaikanlage zur Stromerzeugung

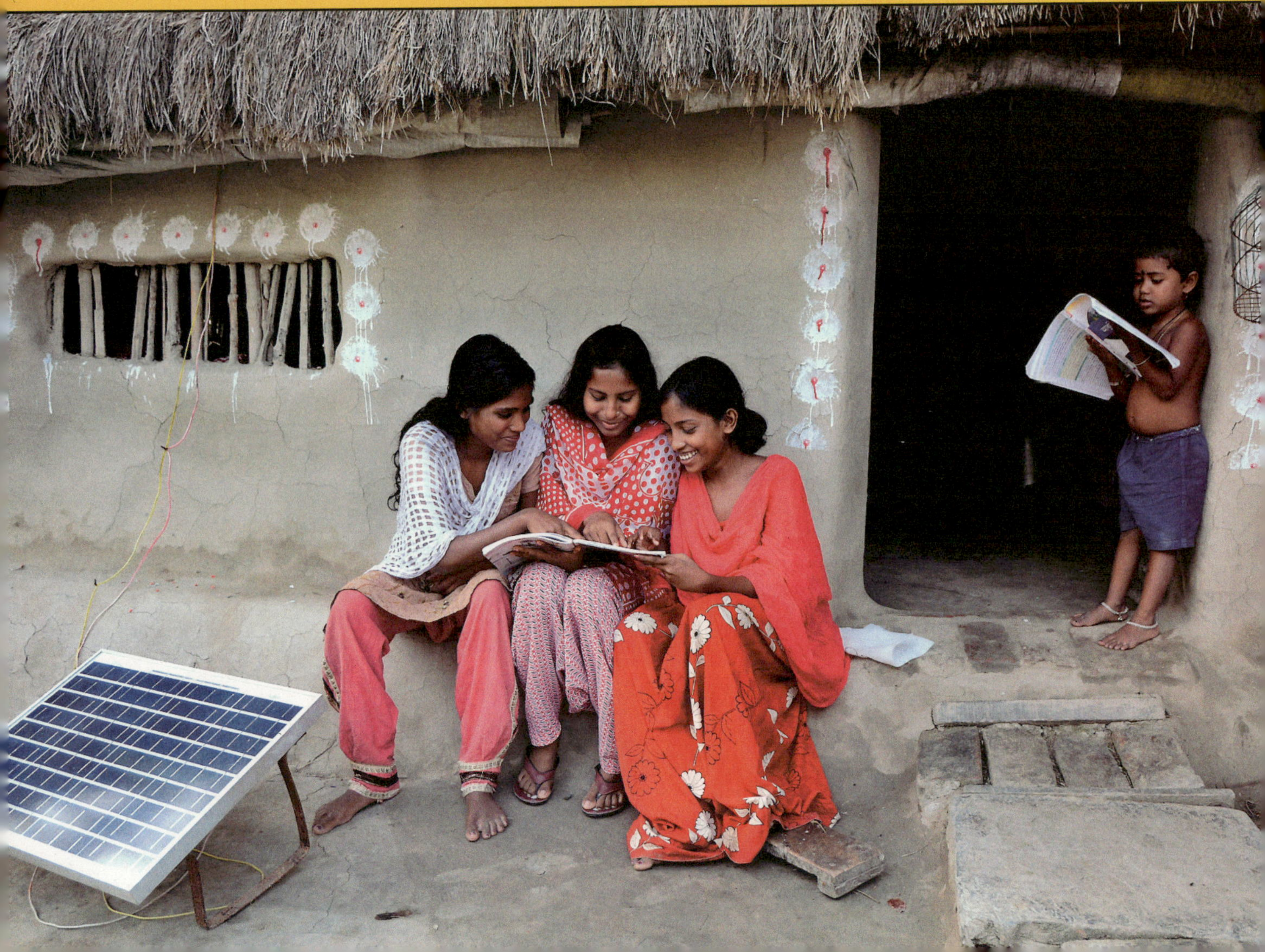

Sanjit Bunker Roy – Gründer des Barefoot College

Wie ist das Barefoot College entstanden?

1972 gründete Sanjit Bunker Roy in dem indischen Dorf Tilonia das Barefoot College. Dort werden seit 2003 Frauen aus aller Welt, aber vor allem aus besonders ärmlichen und ländlichen Dörfern Indiens, zu Solaringenieurinnen ausgebildet.

Wie sieht die Ausbildung aus?

Da die Frauen meistens weder lesen noch schreiben können, erfand Sanjit Bunker Roy eine Lernmethode, die weder Zahlen noch Buchstaben benötigt. Neben Farben spielt traditionelles Wissen dabei eine ganz wichtige Rolle. Wer etwas gut verstanden hat, gibt sein Wissen weiter. So erwerben die Frauen nicht nur Kenntnisse in der Elektrifizierung durch Solarenergie, sondern auch in den Bereichen Bildung und Gesundheit. Die Ausbildung dauert sechs Monate.

Wie geht es danach weiter?

Danach kehren die Frauen wieder in ihr Dorf zurück und bringen im wahrsten Sinne des Wortes das Licht mit, da sie nun in der Lage sind, Lampen, Kocher, Parabolspiegel und Solarelemente zusammenzubauen. Mittlerweile wurden in diesem Projekt mehr als 3500 Frauen aus 93 Ländern zu Solaringenieurinnen ausgebildet.

Was ist das Ziel des Projektes?

Ziel des Projektes ist die Selbstversorgung durch bezahlbare und saubere Energie. Die Solarlampen ersetzen die Lagerfeuer, was zu weniger Luftverschmutzung und weniger Rodung führt. Gleichzeitig ermöglichen die Solarlampen ein Arbeiten im Dunkeln, was zusätzliche Möglichkeiten bietet. Vielleicht entstehen dadurch sogar neue Ideen.

Die teilnehmenden Dörfer bzw. Gemeinden müssen das Projekt selber tragen. Die Dorfältesten wählen in der Regel zwei Frauen mittleren Alters für die Teilnahme am Barefoot College aus.

Klimaschutzranking 2022

		Gesamt- punktzahl	CO₂-Emissionen/ Einwohner	CO₂-Emissionen/ Einwohner – Trend	Anteil erneuerbarer Energien	Energieverbrauch/ Einwohner	nationale Energiepolitik
1. 2. 3.	Plätze 1–3 bleiben unbesetzt, da kein Land aktiv geworden ist, um dem Klimawandel entgegenzuwirken						
4.	Dänemark	77	🟡	🟢	🟢	🔵	🔵
10.	Indien	69	🟢	🟡	🔵	🔵	🔵
13.	Deutschland	64	🔵	🟢	🟢	🟡	🟡
21.	EU	59	🔵	🔵	🔵	🔵	🔵
38.	China	52	🔵	🔵	🟡	🔵	🔵
55.	USA	37	🔴	🔴	🟡	🔴	🟡
56.	Russland	35	🔴	🔴	🟡	🔴	🔴

🟢 gut 🔵 mittel 🟡 schlecht 🔴 sehr schlecht

Quelle: Climate Change Performance Index 2022

SDG 7 in Indien

	Jahr	Wert	Bewertung	Entwicklung
Bevölkerung mit Zugang zu Strom (%)	2018	95,2	🟡	⬆
Bevölkerung mit Zugang zu sauberen Brennstoffen und Technologie zum Kochen (%)	2016	41,0	🔴	➡

Quelle: https://dashboards.sdgindex.org/static/profiles/pdfs/SDR-2021-india.pdf

EU-Vorreiterstaaten bei erneuerbaren Energien – mit Vergleich zu Indien (2019)

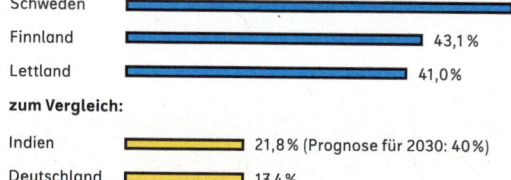

Schweden 56,4 %
Finnland 43,1 %
Lettland 41,0 %

zum Vergleich:

Indien 21,8 % (Prognose für 2030: 40 %)
Deutschland 17,4 %

Quellen: https://www.tagesschau.de/wirtschaft/technologie/erneuerbare-energien-nutzung-101.html, https://www.german-energy-solutions.de/GES/Redaktion/DE/Publikationen/Kurzinformationen/Technologiefactsheets/fs_indien_technologie_2019.pdf?__blob=publicationFile&v=3

Indien setzt mehr auf Solarstrom – Artikel der Deutschen Welle

Statistik

\# Etwa 30 % aller Haushalte in Deutschland bezogen im Jahr 2020 Ökostrom.

\# 11 Tonnen CO_2-Ausstoß verursacht jeder Mensch in Deutschland durchschnittlich pro Jahr.

\# 0,7 Tonnen CO_2-Ausstoß verursacht jeder Mensch südlich der Sahara durchschnittlich pro Jahr.

Quelle: BMZ, Agenda 2030 (https://www.bmz.de/de/agenda-2030/sdg-7)

Begriffe
Kohleausstieg
erneuerbare Energie
lokale Energieversorgung
Smart Grid
Stromerzeugung in Deutschland

Erneuerbare Energie

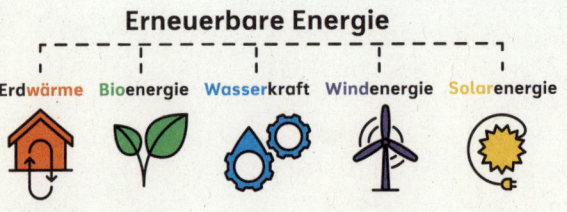

Erdwärme   Bioenergie   Wasserkraft   Windenergie   Solarenergie

Filmtipps

Tomorrow – die Welt ist voller Lösungen
Der Film sucht nach Lösungen für die Klimakrise.
Auf Reisen durch zehn Länder werden Menschen,
Projekte und Initiativen vorgestellt.
https://www.tomorrow-derfilm.de/
Energiepioniere
Portrait zweier Energiepioniere, die mit viel Leidenschaft
für die Umsetzung ihrer Ideen kämpfen.
https://filmsfortheearth.org/filme/energiepioniere/
2040 – WIr retten die Welt
Ein Vater fragt sich, welche Maßnahmen notwendig sind,
um seiner Tochter im Jahr 2040 ein lebenswertes Leben
auf diesem Planeten zu ermöglichen.
https://filmsfortheearth.org/filme/2040-wir-retten-die-
welt/

Lohnende Quellen
Zwei Übersichten von Ökostromanbietern:

Utopia   EcoTopTen

Analyse weltweiter Energiemärkte – Studie
des Bundesministeriums für Wirtschaft und
Energie

Grüne Bürgerenergie für Afrika
Projekte der Bundesregierung zur nachhaltigen Energie-
transformation in Afrika im Sinne der Entwicklungszusammenarbeit
https://gruene-buergerenergie.org/de/

Handabdruck vergrößern
Oft versuchen wir, unseren ökologischen Fußabdruck zu
verkleinern. Das ist gut und wichtig, dennoch stoßen wir
individuell dabei in Deutschland aufgrund der aktuellen
Strukturen an Grenzen.

Umso lohnender ist es daher, wenn wir unseren
Handabdruck vergrößern. Auf Handabdruck.eu können
wir anhand von sechs Fragen ganz konkrete Ideen für
ein nachhaltiges Handeln entwickeln.
https://www.handabdruck.eu

Oder wir nutzen den Handel-O-Mat. Auf der Good News-
Litfasssäule können wir unser angestrebtes Handeln in
den Social-Media-Kanälen gleich sichtbar machen.
https://germanwatch.org/de/handel-o-mat#iframe

#WirHANDELN!

Grundversorgung durch Ökostrom

Gute Nachrichten aus der Schweiz: Bereits 2012 stellten die Stadtwerke St. Gallen die Grundversorgung für alle Privat- und Unternehmenskunden auf Ökostrom um, d. h., alle erhielten ab sofort – sofern sie sich nicht dagegen aussprachen – sauberen Strom aus erneuerbaren Energien. Tatsächlich wechselten schon damals nur etwa 10 % der Kundinnen und Kunden zurück zum bisherigen fossilen Strommix.

Hintergrund: Wer keinen besonderen Stromtarif mit einem Stromanbieter vereinbart, erhält die sogenannte Grundversorgung. So ist sichergestellt, dass alle Verbraucherinnen und Verbraucher mit Energie versorgt werden. Oft ist dieser Grundversorgungstarif in Deutschland jedoch ein fossiler und auch teurer Strommix.

Der Weg zur klimaneutralen Schule

Homepage für Schulen mit lohnenden Strukturen und Ideen
https://klimaneutrale-schule.de/

Wichtige Akteursgruppen

nachhaltige Stromanbieter (z. B. Green Planet Energy, Fair Trade Power, Naturstrom)
lokale Stromanbieter (z. B. Stadtwerke)
NGOs (z. B. Klima-Allianz, Klima-Bündnis)
Institutionen (z. B. Wuppertal-Institut für Klima, Umwelt und Energie, Öko-Institut e. V. in Freiburg)
Hersteller für saubere Energie (z. B. Fotovoltaik)
Kommunen bzw. Gemeinden – häufig das Umweltamt
Politikerinnen und Politiker – vor Ort, auf Landesebene und national im Bundestag
Wissenschaft – Expertinnen und Experten für den Überblick
Medien/Presse
Influencerinnen und Influencer

Energiesparaktionen für Schulen

Wie sieht es eigentlich mit der Energiebilanz unserer Schule aus? Woher beziehen wir den Strom? Wofür verbrauchen wir den meisten Strom? Oft finden wir sogar Aktionen oder finanzielle Anreize auf lokaler oder regionaler Ebene. Hier können wir ein stärkeres Bewusstsein schaffen und meist auch noch Gelder einsparen, die unsere Schule dann viel lohnender investieren kann.

Fridays for Future unterstützen

Wir unterstützen die wissenschaftlich belegten Forderungen von Fridays for Future an die neue Bundesregierung:

sofortige Beendigung neuer Erdgasinfrastrukturprojekte und Beschluss des Erdgasausstiegs 2035
sozialverträglicher Ausstieg aus allen fossilen Energien in Deutschland
Beseitigung aller Ausbaubremsen für Sonnen- und Windenergie sowie Versiebenfachung des Ausbaus.

Wettbewerb Energiesparmeister

Wir setzen kreative Ideen um wie ein Energiespar-Waschsalon, organisieren Aufforstungsprojekte oder Solarläufe. Mit allen Aktionen für saubere Energie können wir beim jährlich stattfindenden Energiesparmeister-Wettbewerb von »co2online« und dem Bundesumweltministerium teilnehmen. Jedes Jahr werden dort die effizientesten, kreativsten und nachhaltigsten Projekte an deutschen Schulen gesucht.

https://www.energiesparmeister.de/

Tipps von 17Ziele.de

Wir schauen auf der Homepage von 17Ziele.de nach. Dort finden wir lohnende Ideen wie:

Wechsel noch heute zu einem Ökostromanbieter.
Führe einen Stromspartag ein. Nutze dafür Stromspartipps.
Spare Strom, indem du den Stecker bei Produkten ziehst, die du nicht benutzt.
Kaufe weniger Produkte, die lange Lieferwege oder Kühlketten haben.

Arbeiten in der Textilindustrie

#MadeinKenya2019 – fünf Influencerinnen und Influencer erkundeten die Textilproduktion in Kenia

GEMEINSAM FÜR AFRIKA in Kenia – zum Thema Mode und den 17 Zielen

Link kopier...

MADE IN KENYA #17ZIELE

GEMEINSAM FÜR AFRIKA in Kenia
zum Thema Mode und den 17 Zielen

ansehen auf ▶ YouTube

»Hallo, mein Name ist Anna Marie Damm.«

Im November 2019 durfte ich als eine von fünf Influencerinnen und Influencern zusammen mit der Nichtregierungsorganisation »Gemeinsam für Afrika« für eine Woche nach Afrika reisen, genauer gesagt nach Kenia. Ich wollte sehen, was wirklich vor Ort gemacht wird. Die Reise hat mich sehr zum Nachdenken angeregt.

Nachdem ich das alles gesehen habe, gehe ich ganz anders an Mode ran. Früher war für mich ein T-Shirt einfach nur ein T-Shirt. Jetzt denke ich daran, wie viele Schritte es braucht, bis es zu einem Endprodukt – zu einem T-Shirt – wird. Ich denke auch darüber nach, woher mein T-Shirt kommt und wer mein T-Shirt gemacht hat. Darüber habe ich früher nicht nachgedacht. Ehrlich gesagt, wenn ich vorher an Mode gedacht habe, habe ich gar nicht an den afrikanischen Kontinent gedacht. Das Projekt »Wildlife Works« hat mich beeindruckt. Die Mitarbeiterinnen und Mitarbeiter dort schützen Natur und Tiere, tun aber gleichzeitig auch etwas für die Community. Dass sie das zusammengebracht haben finde ich – wow!

Ich glaube, in erster Linie müssen die größeren Ketten etwas ändern, sie sollten in Deutschland faire Mode herstellen und verkaufen. Und die Nachfrage muss natürlich auch vorhanden sein, sonst ändert sich nichts.

Auf jeden Fall werde ich in Zukunft stärker darauf achten, woher meine Mode kommt und wie sie hergestellt wurde. Dazu habe ich in Kenia einiges erfahren. Ich habe gehört, dass mir Siegel beim Kauf weiterhelfen können. Mir ist noch nicht so ganz klar, was die einzelnen Siegel bedeuten.

Mich hat auch beeindruckt, wie viele Menschen sich über faire Mode über Social Media austauschen. Da bin ich wirklich neugierig geworden.

www.wildlifeworks.com

SDG 8 in Kenia

	Jahr	Wert	Bewertung	Entwicklung
Wachstum des Brutto-inlandsprodukts (BIP)	2018	-2,7%	🟡	⚫
Opfer moderner Sklaverei (pro 1000 Einwohner)	2018	6,9%	🟡	⚫
Erwachsene mit einem Bankkonto (Anteil an der Bevölkerung ab 15 Jahren)	2017	81,6%	🟢	⬆️
Arbeitslosenquote	2019	2,6%	🟢	⬆️
schwere Arbeitsunfälle (pro 100 000 Einwohner)	2010	0,5%	🟢	⬆️

Quelle:
https://dashboards.sdgindex.org/static/profiles/pdfs/SDR-2021-kenya.pdf

Die zehn wichtigsten Textilexporteure 2019

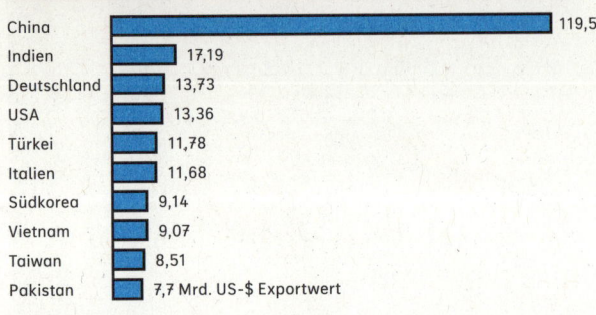

China	119,58
Indien	17,19
Deutschland	13,73
USA	13,36
Türkei	11,78
Italien	11,68
Südkorea	9,14
Vietnam	9,07
Taiwan	8,51
Pakistan	7,7 Mrd. US-$ Exportwert

Quelle: WTO

SDG-Index Kenia (2021)

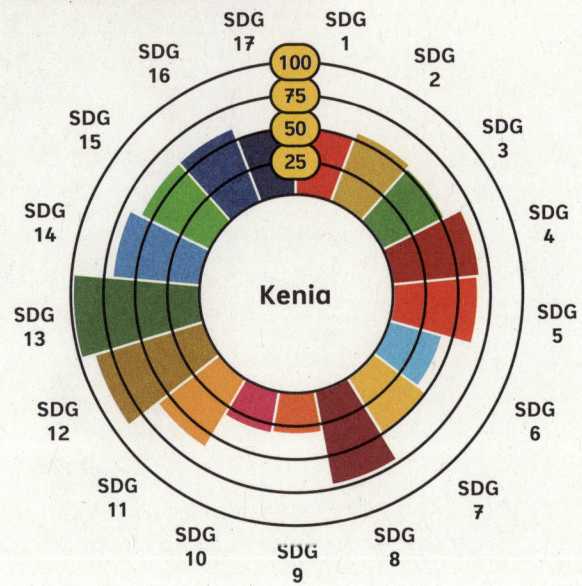

Kenia

Quelle: SDG-Index Dashboard (https://dashboards.sdgindex.org/static/profiles/pdfs/SDR-2021-kenya.pdf)

Fashion Revolution Kenya
Slow Fashion in Kenia und Informationen
weltweit – auch zu Deutschland

Slow Fashion Monitor 2021

Ergebnisse einer Umfrage unter 1490 Verbrauchern zwischen 15 und 69 Jahren zu nachhaltiger Mode

Nutzung und Akzeptanz

Erfahrene ➕ 🟢 **8%** der Verbraucher besitzen **mehrere nachhaltig** produzierte **Kleidungsstücke**.

Geneigte 0 🟠 **Wohlwollend eingestellt** sind **79%** der Bürger, jedoch bleiben diese meist noch **tatenlos**.

Unbedarfte ➖ 🟣 **13%** attestieren der Thematik **nachhaltige Mode kaum Relevanz**.

Aspekte zur Steigerung der Kaufbereitschaft für nachhaltige Mode (Mehrfachnennungen möglich)

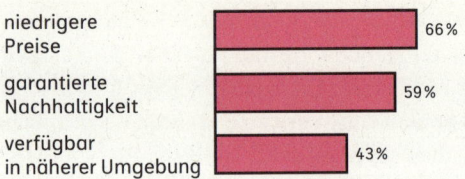

niedrigere Preise	66%
garantierte Nachhaltigkeit	59%
verfügbar in näherer Umgebung	43%

Wichtige Kriterien für Kleidung

	➕🟢	0🟠	➖🟣
Tragekomfort	100%	94%	98%
Langlebigkeit	96%	89%	84%
umweltverträgliche Herstellung	96%	67%	20%
faire Produktion	94%	64%	20%
Design	85%	74%	70%
Marke	62%	31%	22%

Preisbereitschaft (einfaches T-Shirt)

regulär produziert	umweltfreundlich produziert	fair produziert
11,74€	15,73€	15,76€

Top 3 Markenbekanntheit

hessnatur	**31%**
patagonia	**23%**
Grüne Erde	**23%**

Quelle: https://www.handelsjournal.de/warum-nachhaltige-mode-noch-immer-ein-nischenprodukt-ist.html

#WirRecherchieren

Recherche-Tipps
\# Filmtipp: The True Cost
\# Slow Fashion, Fair Fashion, Fast Fashion
\# Herkunft der Textilien (Begriff: Outsourcing)
\# Arbeitsbedingungen
\# Unglück von Rana Plaza (Bangladesch)
\# Transport, Produktionsketten, Zwischenhändler
\# Lieferkettengesetz
\# Regierung, NGOs, Unternehmen

Recherche-Idee

\# Was steckt hinter den Siegeln?

www.siegelklarheit.de

Recherche-Strategie: #Vier Brillen
\# 1. Brille: Recherchiere nach den Kriterien des Siegels.
\# 2. Brille: Recherchiere die Qualität der Kriterien im Vergleich zu anderen Siegeln.
\# 3. Brille: Recherchiere die Aussagen von mindestens fünf Personen zu diesem Siegel, davon sollen mindestens eine aus der Politik, eine aus der Wirtschaft, eine von einer NGO und eine von einer Textilarbeiterin/einem Textilarbeiter sein.
\# 4. Brille: Recherchiere die Aussagen von mindestens zwei Befürwortern und zwei Kritikern des Siegels.

#WirEntwickelnIdeen

Ideen
\# Fashion Revolution Day (24. April)
\# Fair Fashion Show
\# Herstellen von globalen Kooperationen (z. B. Schulaustausch)
\# Info-Kampagne (Ideen u. a. bei 17Ziele.de)
\# 2 €-T-Shirt-Kampagne in Berlin

Video: The 2 Euro T-Shirt – A Social Experiment

#WirSchließenUnsZusammen

Wichtige Akteursgruppen
\# Politikerinnen/Politiker (u. a. Bundesentwicklungsministerium)
\# Modeketten
\# Einzelhandel (auch online)
\# Nichtregierungsorganisationen (z. B. Greenpeace, Oxfam, Gemeinsam für Afrika)
\# Vertreter von Siegeln (z. B. Der grüne Knopf)

#WirHANDELN!

Sich informieren mit Influencerinnen und Influencern
\# Wir recherchieren nach Influencerinnen und Influencern, die sich mit Nachhaltigkeit und Mode beschäftigen.
\# Wir kontaktieren sie und tauschen uns mit ihnen über das Thema und unsere Recherche aus.
\# Wir überlegen, wie wir aus unseren Erkenntnissen einen informativen Post gestalten können.

Unternehmen in die Verantwortung nehmen
\# Wir kontaktieren unsere Lieblingsmodemarke.
\# Wir informieren sie über unsere Recherche-Ergebnisse und fragen ganz genau nach der Nachhaltigkeit ihrer Produkte – insbesondere in Bezug auf die Arbeitsbedingungen.
\# Wir wiederholen ggf. diese Kontaktaufnahme und kommunizieren das Ergebnis

Megatrends für eine nachhaltige Eine Welt

Megatrends nach Corona

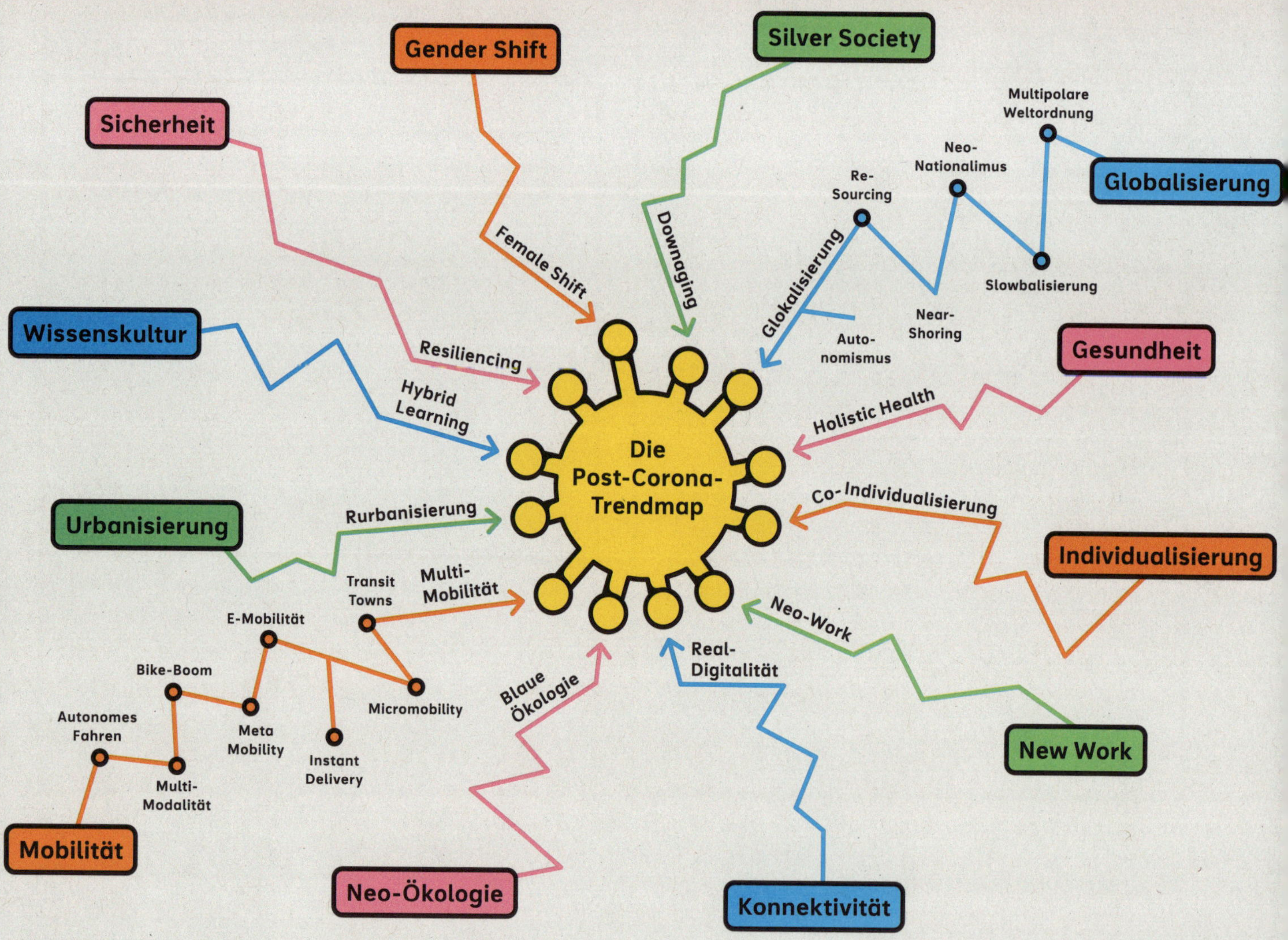

Gender Shift

Silver Society

Sicherheit

Multipolare Weltordnung

Neo-Nationalimus

Globalisierung

Re-Sourcing

Female Shift

Downaging

Glokalisierung

Slowbalisierung

Wissenskultur

Resiliencing

Near-Shoring

Auto-nomismus

Gesundheit

Hybrid Learning

Holistic Health

Die Post-Corona-Trendmap

Urbanisierung

Rurbanisierung

Co- Individualisierung

Transit Towns

Multi-Mobilität

Individualisierung

E-Mobilität

Neo-Work

Bike-Boom

Micromobility

Blaue Ökologie

Real-Digitalität

Autonomes Fahren

Meta Mobility

Instant Delivery

New Work

Multi-Modalität

Mobilität

Neo-Ökologie

Konnektivität

Elon Musk – Megatrendsetter in Sachen nachhaltiger Mobilität?

Elon Musk ist derzeit der Unternehmer, der mit seinem Engagement für technologische Durchbrüche den Megatrend »Mobilität« weltweit prägt. Alle Global Player der Automobilbranche setzen zur Zeit auf Elektromobilität, so wie er es mit seiner Automarke Tesla vorgemacht hat.

Welches Hauptziel verfolgt Elon Musk?

Er möchte Produkte entwickeln, die für die Menschheit sinnvoll sind. Seine Firmengründungen Tesla und SpaceX sind dabei seine Aushängeschilder. Elon Musk hat damit derzeit enormen wirtschaftlichen Erfolg. Sein Vermögen wird auf mehr als 100 Milliarden US-Dollar geschätzt.

Welche weiteren Ideen hat Elon Musk?

Interessant ist, dass er sich als Milliardär für ein bedingungsloses Grundeinkommen für alle einsetzt, weil künstliche Intelligenz zukünftig viele Arbeitsplätze vernichten wird, so seine Argumentation. »Strange« ist seine Meinung zu öffentlichen Verkehrsmitteln, die für ihn als absolut schrecklich gelten.

Wie handelt Elon Musk in Deutschland?

Im Bundesland Brandenburg lässt Musk zur Zeit ein Tesla-Automobilwerk bauen. Ziel ist es hier, die Autoproduktion weitgehend klimaneutral zu gestalten und einen großen Schritt hin zu CO_2-freier Automobilität auch in Deutschland zu erreichen.

Megatrends – in Film und Karte

Film: Was sind Megatrends?

Übersichtskarte: Megatrends?

Beispiele von Megatrends, die unser Leben in Zukunft (noch mehr) prägen werden

Bewusste Ernährung

Virtuelle Welten

Zukunft der Mobilität?

Konnektivität

Künstliche Intelligenz

Fintech

Smart Surroundings

Saubere Energien

Transkulturalität

Robotik

Neoökologie

Biotech-Gesundheit

Nachhaltigkeit

Kreislaufwirtschaft

Beispiel: Megatrend Neoökologie

Neoökologie verbindet innovative Umwelttechnologien mit Wirtschaftswachstum und nachhaltigen Lebensstilen.
Die Neoökologie setzt z. B. auf
smarte Elektromobilität mit entsprechenden Antriebssystemen
Technologiefortschritt in Erzeugung erneuerbarer Energien inkl. Geothermie
Wasserstoff-Technologien
blaue Bio-Ökologie
Kreislaufwirtschaft
Beyond-Plastic-Produkte
Neuerfindung von Altbauten als Energie-Plus-Häuser
Agrarwende hin zu Biolandwirtschaft
Fleischersatzprodukte.

Kurzbeschreibungen zu allen Megatrends

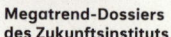
Megatrend-Dossiers
des Zukunftsinstituts

Trendreport:
Megatrends

Liste der Top 10 Technologien
Suchbegriffe: Top 10 Breakthrough-Technologies

Megatrend Mobilität: Neue Trends bei der E-Mobilität
Vehicle to Grid (V2G)
Vehicle to Home (V2H)

Megatrend Wasserstofftechnologie

WIR KOCHEN AUCH NUR MIT WASSERSTOFF.

RUHR

Thyssenkrupp Steel zur Klimatransformation

Megatrend Blaue Bioökonomie
https://blaue-bioooekonomie.de/de

Megatrend »Von der Wegwerfgesellschaft zur Kreislaufwirtschaft«
Erklärfilme (z. B. Mediatheken)

Megatrend BioTech Gesundheit: Cluster
Health Capital Berlin-Brandenburg
StartUps Technologiezentrum Mainz

Megatrend Erneuerbare Energien, z. B. Visionen der Windenergie
https://husumwind.com/de

Megatrend Beyond Plastic
Lebensmittelverpackung:
Innovative Alternativen zu Plastik

Solaranlage auf dem Dach der Schule
Eigentlich nichts Neues, aber selten umgesetzt. Wir fragen bei den Stadtwerken an.
In Berlin hat das was bewirkt: Die Stadtwerke haben dort 2021 auf sieben Schulen fast 300 Solarmodule errichtet. Bis zu 77 % des Strombedarfs der Schulen konnten so gedeckt werden.

Wir informieren Lehrerinnen und Lehrer: Ein klares Pro für Elektromobilität?
Aktuelle Faktenchecks online:
ADAC: Pro & Contra Elektromobilität
SWR3: Sind E-Autos doch Klimakiller? Ein Faktencheck

Megatrends auch in unserer Stadt?
Wir laden Stadtplanerinnen und Stadtplaner ein.
Wir reden mit bei der nachhaltigen Stadtentwicklung.
Wir nehmen Einblick in Bau-/Sanierungsvorhaben.
Wir unterbreiten Vorschläge auf Grundlage von Musterprojekten (z. B. Amsterdam, Kopenhagen, Stockholm).
#WirHANDELN! SDG 11 ist eine gute Vorbereitung.

Wir beteiligen uns mit unserem Projekt beim BundesUmweltWettbewerb (BUW) »Vom Wissen zum nachhaltigen Handeln«
Wir stellen unser Projekt (z. B. zur Kreislaufwirtschaft) Experten vor und wollen natürlich auch Preise gewinnen.

BUNDESUMWELTWETTBEWERB

Du interessierst dich für Umweltschutz/nachhaltige Entwicklung und arbeitest dazu an einem spannenden Projekt? Du bist zwischen 10 und 20 Jahre alt? Dann bist du hier genau richtig! Gehe Umweltproblemen auf den Grund und löse sie nachhaltig mit Kreativität und Engagement unter dem BUW-Motto „Vom Wissen zum nachhaltigen Handeln".

MEHR

#WirHANDELN!

Cradle to Cradle

Wir suchen Kontakt zu einer NGO und organisieren einen Online-Workshop.
https://c2c.ngo/bildungsarbeit/

Smarte Energie macht Schule

https://www.schulsmart.de/
Das »Unabhängige Institut für Um-weltfragen« sucht bundesweit schulische Partner für das Projekt »Smarte Energie macht Schule«.

we like

»we like« ist ein Projekt von jungengagiert e. V., einem gemeinnützigen Verein mit Sitz in Dresden. Hier sind junge Influencerinnen und Influencer aktiv und wollen uns für bürgerschaftliches Engagement und Nachhaltigkeit begeistern.

Kontakt mit Expertinnen und Experten aus Fachhochschulen und Universitäten

Normalerweise freuen sich diese Expertinnen und Experten, uns von ihren neuen Erkenntnissen zu berichten. Die Presseabteilungen oder die Transfer-stellen der Hochschulen vermitteln Kontakte.

Kontakt mit Global Playern in der Entwicklung von HighTech

Zu diesen Global Playern gehören z. B. Siemens, Bayer, BASF, Thyssen-Krupp. Die Abteilungen Presse, Öffentlichkeitsarbeit oder das Innovationsteam antworten sicher und vermitteln hoffentlich.

Wir erstellen einen Erklärfilm zu BioNTech

So könnte das Storyboard aussehen:
Persönliches zum BioNTech-Ehepaar
Funktionsweise des Impfstoffes

Macht BioNTech Mainz zum Steuer-milliardär?

BioNTech und Partnerschaften zu Afrika
BioNTech – eine Break-Through-Technologie im Megatrend Bio-Technologie?

Schulprojekt »Lebensstil Neoökologie und Mobilität«

Projekte des Gymnasiums Kronshagen bei Kiel:
Zero Waste: selbst erstellte Bienenwachstücher aus dem Wachs der eigenen Bienenstöcke
Zero Waste: TütenSharing in lokalen Supermärkten
Zero Waste: »Recykiel« – eine App zum richtigen Mülltrennen
Zero Waste: Recycling von Stiften für die Stiftung Naturschutz
Bike-Boom: Fahrraddemo zur Mobilisierung weite-rer Radfahrer
Bio-Boom: eine App für regionale und saisonale Rezepte
Nachhaltige Ernährung: Workshop in einer 9. Klas-se und Plakate für eine bewusstere Ernährung

Wir machen uns zu Weltverbesserern mit einem Beitrag zum SDG 9 bei »we like«

Der »we like«-Blog liefert spannende Artikel zu wechselnden Themen sowie Musikvideos zum Teilen. Für Hashtag-Beiträge kann man sogar Preise gewinnen. Zusammen mit »we like« können wir Videos zu Themen erstellen, die uns wichtig sind. Damit können wir andere erreichen.
https://we-like.com

Topthema:	#Faktomat:
#wächstwieder	#wächstwieder
#abdampfen	#haltungzeigen
#fairhandeln	#abdampfen
#grenzwertig	#grenzwertig
#extremtour	#30jahrespäter
#meineuropa	#eruopacheck
#masterplan	#wissenschaften
#klischeefrei	#deinagh
#onlife	#unterstrom
#nichtwurst	#erneuerbar
#meerrettich	#fairfakten

Weniger Ungleichheiten

Freiwillige Hobbyköchinnen kochen für Familien mit kranken Kindern ein Abendessen

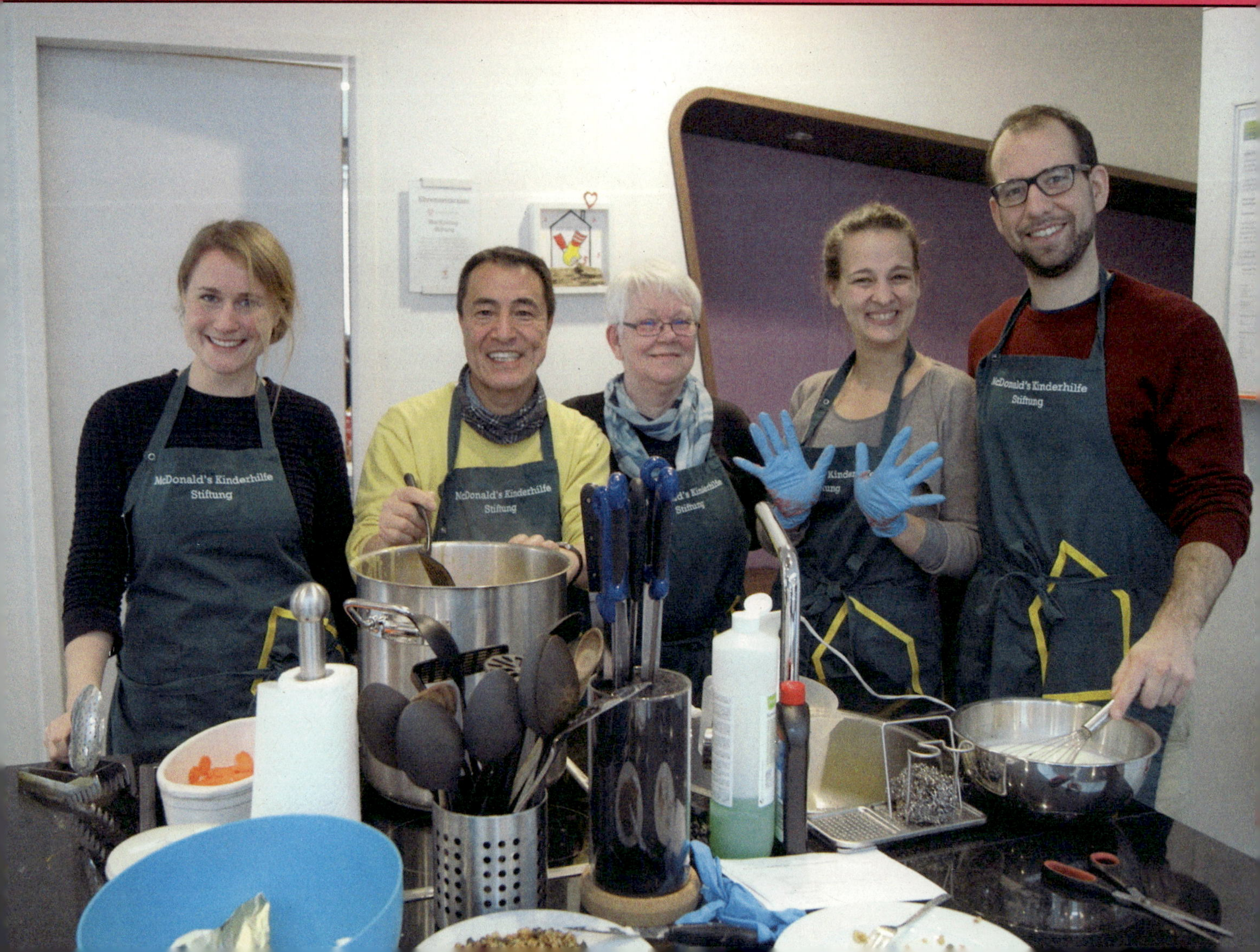

Miriam Schwartz – Gründerin von tatkräftig e. V.

Frau Schwartz, was ist aus Ihrer Sicht das Besondere an tatkräftig e. V.?

MIRIAM SCHWARTZ: Das Besondere an tatkräftig e. V. ist, dass unsere Einsätze nie länger als einen Tag dauern und immer in der Gruppe stattfinden. So wird Hilfe zum Gemeinschaftserlebnis und man muss sich nicht lange fragen, ob man Zeit dafür hat – denn einen Tag kann ja jede/jeder mal entbehren. Auf diese Weise können die Freiwilligen ganz unkompliziert unterschiedliche Einsatzmöglichkeiten kennenlernen, z. B. Unterkünfte für Geflüchtete, Einrichtungen für Seniorinnen und Senioren, Treffpunkte für Menschen mit Behinderung oder Umweltorganisationen. Einige entscheiden sich dann auch, sich weiterhin für die Organisation zu engagieren, in der ihr Einsatz stattfand. Aber was uns ganz wichtig ist: Jeder Einsatz macht einen Unterschied. Auch wenn es nur für einen Tag ist! Was viele Freiwillige nicht erwarten: Sie bekommen durch den Einsatz ganz viel zurück – Dankbarkeit von den Hilfeempfängerinnen und -empfängern, aber auch viele Impulse und neue Perspektiven. Man geht immer verändert nach Hause.

Wie sind Sie auf die Idee gekommen?

Ich selbst habe mich schon als Schülerin gern engagiert – in der Schule, in der Kirchengemeinde und privat. Seit ich denken kann, macht es mir Freude, Verantwortung zu übernehmen und Ideen umzusetzen. Nach meinem Abi habe ich in Kanada ehrenamtlich in einem Wohnprojekt für Menschen mit und ohne Behinderung gearbeitet. Ich habe erkannt, dass ehrenamtliches Engagement viele Türen öffnet, Chancen bietet, Kompetenzen fördert, Menschen zusammenbringt und vor allem glücklich macht! Deshalb habe ich es zu meinem Beruf gemacht, andere Menschen fürs Ehrenamt zu begeistern. Den tatkräftig e. V. habe ich während meines Studiums zur Nonprofit-Managerin gegründet. Der Impuls für tatkräftig e. V. kam aus der Kirchengemeinde, in die ich damals ging. Schnell wurde der Verein dann in ganz Hamburg bekannt und mittlerweile engagieren sich pro Jahr rund 1000 Freiwillige mit uns.

SDG 10 in Deutschland

	Jahr	Wert	Bewertung	Entwicklung
Gini-Koeffizient	2020	0,344	🟡	⬇
Palma-Index	2018	1,033	🟡	⬆
Armutsgefährdungsquote der über 64-Jährigen (%)	2019	15,7	🟡	⬇

Der Palma-Index vergleicht das Gesamteinkommen der reichsten 10 % mit dem der ärmsten 40 %. Ein Index-Wert von 1 bedeutet, dass das Gesamteinkommen der reichsten 10 % genauso hoch ist wie das der ärmsten 40 %. Dann wäre das Einkommen der reichsten 10 % im Durchschnitt also viermal so hoch.

Quelle: https://dashboards.sdgindex.org/static/profiles/pdfs/SDR-2021-germany.pdf

Soziale Ungleichheit in Deutschland wächst

Entwicklung von dauerhafter Armut* und dauerhaftem Reichtum** in Deutschland (%)

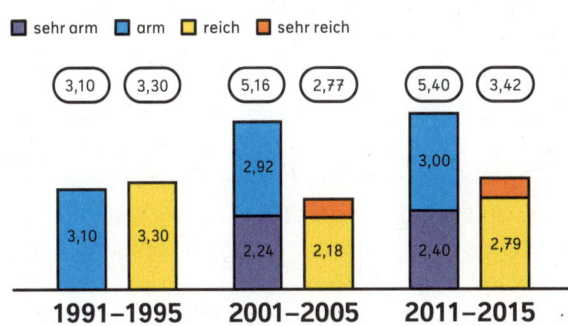

***dauerhafte Armut:** Haushalt hat über mindestens fünf Jahre durchgehend ein verfügbares Einkommen unterhalb der relativen Armutsgrenze (60 % des mittleren bedarfsgewichteten Nettoeinkommens der Bevölkerung in Privathaushalten).

****dauerhafter Reichtum:** Haushalt hat über mindestens fünf Jahre durchgehend ein verfügbares Einkommen oberhalb der Reichtumsgrenze (200 % des mittleren bedarfsgewichteten Nettoeinkommens der Bevölkerung in Privathaushalten).

Quelle: WSI (Wirtschafts- und Sozialwissenschaftliches Institut)

Ungleichheit weltweit und in Deutschland (2017)

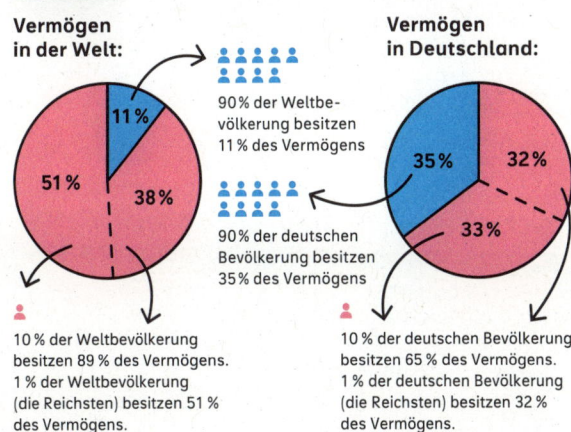

Quelle: Oxfam

#WirRecherchieren

Begriffe
Social Entrepreneurship
Freiwilliges Soziales Jahr

Recherche-Strategie: Aktuelle Ereignisse berücksichtigen!

Ungleichheiten verändern sich ständig. Insofern ist es lohnend, sich stets einen aktuellen Überblick zu verschaffen. Hierbei können besondere Ereignisse wie die Corona-Pandemie eine wesentliche Rolle spielen.

Corona – die verwundbarsten Gruppen werden von der Pandemie am härtesten getroffen

Ältere Menschen | Menschen mit Behinderungen | Kinder | Frauen | Migranten & Flüchtlinge

Quelle: https://www.bmz.de/de/agenda-2030/sdg-10

Lohnende Quellen
SDG-Index Dashboard – Übersicht zu den globalen Ungleichheiten in Bezug auf die SDGs (https://dashboards.sdgindex.org/map)
Gapminder – Worldview Upgrader: Wie zutreffend ist unser Bild von der Welt? (https://upgrader.gapminder.org/de/)

Filmtipps
BLANKA
Aus Karlas Perspektive wird von ihrem Schicksal als Straßenkind erzählt. (https://blanka.der-filmverleih.de/)
Sorry we missed you
Während der Weltwirtschaftskrise 2008 hat Familie Turner große Geldsorgen und muss kämpfen – sie als Altenpflegerin und er als Paketbote. (http://www.sorrywemissedyou-derfilm.de/)
System Error
Wie endet der Kapitalismus? Der Film sucht Antworten auf die großen Widersprüche – inklusive der wachsenden Ungleichheiten. (http://www.systemerror-film.de/)

#WirEntwickelnIdeen

Frau Schwartz, was müsste aus Ihrer Sicht passieren, damit wir uns als Gesellschaft noch stärker für weniger Ungleichheiten einsetzen?

MIRIAM SCHWARTZ: Der Philosoph Martin Buber hat einmal gesagt: »Alles wirkliche Leben ist Begegnung.« Und genau darauf kommt es an, wenn wir Ungleichheiten abbauen wollen: Wir müssen einander begegnen! Denn nur so können wir Verständnis füreinander entwickeln. Die tatkräftig-Einsätze schaffen Begegnungen: Viele Freiwillige begegnen zum ersten Mal in ihrem Leben Menschen mit Behinderung, Seniorinnen und Senioren mit Demenz, Kindern und Jugendlichen in Stadtteilen, in denen sie sich sonst nie aufhalten, Geflüchteten ... Man begibt sich auf fremden Boden, in fremde Einrichtungen und findet sich dann doch im Gegenüber wieder: Man spielt, isst, baut, sät, entrümpelt, buddelt, bastelt, lacht gemeinsam. Und am Ende des Tages hat man nicht mehr »den Geflüchteten" oder »die Behinderten" im Kopf, sondern einzelne Gesichter mit Namen, die man liebgewonnen hat.

Kinder- und Jugendparlamente

Über 30 000 Jugendliche engagieren sich in Deutschland in etwa 500 Kinder- und Jugendparlamenten sowie in gut 300 Jugendforen. Dort haben wir die Möglichkeit, uns politisch für weniger Ungleichheiten einzusetzen. Dazu erhalten wir viel Unterstützung – beispielsweise vom Deutschen Kinderhilfswerk mit dem Projekt »Starke Kinder- und Jugendparlamente«. Mit der »Akademie für Kinder- und Jugendparlamente« der Bundesregierung werden diese Gremien vorangetrieben.

#stakijupa – Starke Kinder- und Jugendparlamente

#WirHANDELN!

#WirSchließenUnsZusammen

Wichtige Akteursgruppen

NGOs – Übersicht aller Spenden-Siegel-Organisationen u. a. beim Deutschen Zentralinstitut für Soziale Fragen

GIZ – Deutsche Gesellschaft für Internationale Zusammenarbeit GmbH

Obdachlosenorganisationen (z. B. Unsichtbar e. V., DIE BRÜCKE, Die Tafeln, Bahnhofsmission, Die Kältehilfe)

Einrichtungen für Kinder und Jugendliche (z. B. Kindergärten, Jugendtreff, Ganztagsbetreuung)

Einrichtungen für ältere Menschen (z. B. Seniorenheime)

Einrichtungen für Flüchtlinge

Volkshochschulen – Chance, um Kurse anzubieten und Wissen bzw. Fähigkeiten weiterzugeben

Mögliche Unterstützerinnen und Unterstützer – insbesondere aus der Wirtschaft

Politikerinnen und Politiker – vor Ort, auf Landesebene, im Bundestag und im Europaparlament

Wissenschaft – Expertinnen und Experten für den Überblick

Medien/Presse

Influencerinnen und Influencer

fraugehlhaar (Instagram 27.8k) – »Über das Großstadtleben und das Rollstuhlfahren«

raulkrauthausen (Instagram 95.7k) – »Aktivist für #Inklusion und #Barrierefreiheit«

all_inklusiv (Instagram 4.3k) – Inklusionsaktivist

Leeroy Matata (u. a. YouTube 1.89 Mio: Leeroy will's wissen, Leeroy Matata 684k) – Interviews mit Menschen über ihre individuellen Geschichten und Einblicke in seine Erkrankung, aufgrund der er im Rollstuhl sitzt

Gewitter im Kopf (u. a. YouTube 2.19 Mio) – »Leben mit Tourette"

Social Entrepreneurship

vivaconaqua (Instagram 177k) – Mineralwasser; unterstützt weltweit Trinkwasserprojekte

soulbottles (Instagram 42.2k) – Nachhaltige Trinkflaschen; »Mit jeder verkauften soulbottle fließt 1 € an unser Trinkwasserprojekt WASH'n'soul.«

lemonaid (Instagram 22.7k) – »Organic & Fairtrade lemonade, made from real juice. Every bottle sold supports social projects in the growing regions."

share (Instagram 49.1k) – »Social Impact Brand"; Käufe von share-Produkten fördern soziale Projekte (z. B. ein Riegel = eine Essensportion)

conflictfood (Instagram 11.9k) – »Lebensmittel aus Konfliktregionen. Fair und direkt gehandelt.«

glsbank (Instagram 14.5k) – »Die 1. Nachhaltige Bank der Welt! Seit 1974 setzen wir uns für Mensch & Umwelt ein. Faires & transparentes Banking!"

#WirHANDELN!

Frau Schwartz, was raten Sie Schülerinnen und Schülern, wenn sie ähnliche Ideen umsetzen wollen?

MIRIAM SCHWARTZ: Mein erster Rat ist immer, zu schauen, ob es etwas Ähnliches schon gibt. Wenn ja: Kontakt aufnehmen! Denn man muss das Rad ja nicht immer wieder neu erfinden. Wenn nicht: Erzählt anderen von eurem Vorhaben und sucht euch Mitstreiterinnen und Mitstreiter! Zu Dritt hat man einfach noch mehr Ideen und mehr WoManpower, wenn es an die Umsetzung geht. Und mein zweiter Rat: Lieber einfach loslegen, als monatelang den perfekten Plan ausarbeiten. Bei tatkräftig e. V. haben wir sehr früh die Einsatzstellen ins Boot geholt und ihnen von unserer Idee erzählt. Noch bevor es überhaupt eine Website gab. So stieg die Erwartungshaltung von außen und wir waren gezwungen, unser Vorhaben dann auch wirklich durchzuziehen.

Soziales Engagement

Einmal in der Woche nachmittags im Kindergarten vorlesen oder im Seniorenheim am Spielenachmittag teilnehmen. Bei der Tafel an der Essensausgabe unterstützen oder beim Verkauf der Obdachlosenzeitung mithelfen. Es gibt so viele Möglichkeiten, bei denen wir uns sozial engagieren können. Packen wir's an!

Social Entrepreneurship

Ein Unternehmen gründen, das mit seinem Wirken die Ungleichheiten verringert – was für ein spannender Ansatz! Beispielsweise für mehr Inklusion, mehr Gemeinschaft oder mehr Miteinander.

SEEd – Social Entrepreneurship Education
Angebot für Schulen – Workshops, Ideen
Als Teilnehmende können wir bei den Workshops von SEEd unsere eigenen sozialunternehmerischen Lösungsansätze auf Basis der SDGs entwickeln. Ausgangspunkt sind die gesellschaftlichen Herausforderungen, die wir in unserem eigenen Umfeld wahrnehmen. Der »Way of SEEd« führt uns von der Idee bis zum Pitch.
https://seed.schule/

Von 0 auf 100
Auf dieser Seite aus der Schweiz finden wir viele Profi-Tipps bis hin zur echten Umsetzung unserer Social Entrepreneurship Idee.
https://www.von0auf100.org

Nachhaltige Städte und Gemeinden

Amsterdam – die weltweit erste Stadt mit einem Konzept nach dem Donut-Modell

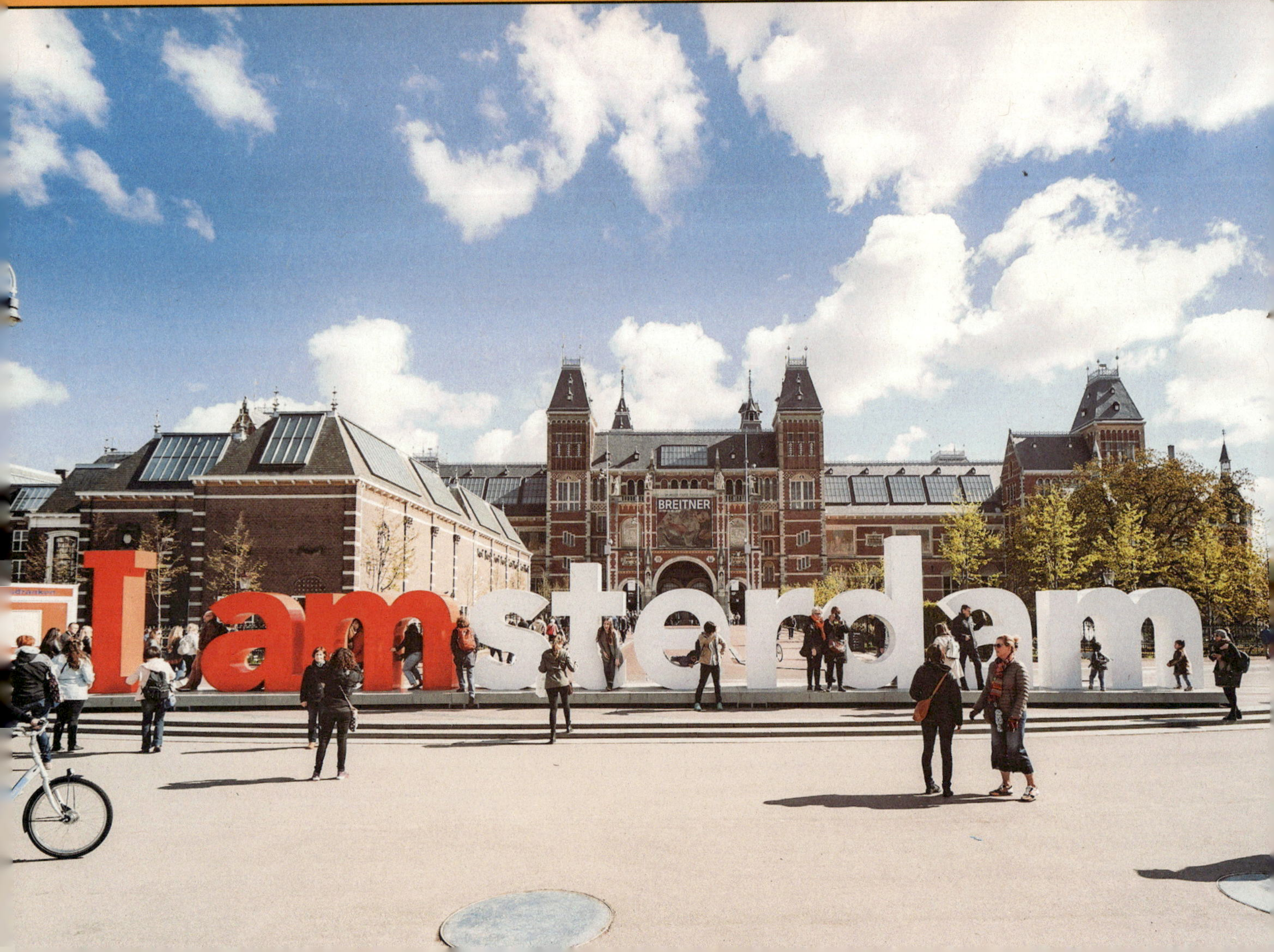

Kate Raworth – britische Wirtschaftswissenschaftlerin

Was ist die Idee von Kate Raworth?

Die Idee der renommierten britischen Wirtschaftswissenschaftlerin Kate Raworth liegt im wahrsten Sinne des Wortes auf etwas Süßem, nämlich auf der Glasur des Donuts (auch: Doughnut).

An den Rändern des Donuts befinden sich die planetaren und die gesellschaftlichen Grenzen. Dazwischen befindet sich ein sicherer und gerechter Raum für die Menschheit – inklusive einer nachhaltigen wirtschaftlichen Entwicklung.

Wann hat Kate Raworth das Modell veröffentlicht?

Der Zeitpunkt war ganz bewusst gewählt, nämlich im Februar 2012. Denn vier Monate später fand in Rio de Janeiro die Rio+20-Konferenz der Vereinten Nationen statt. Das Donut-Modell stieß auf großes Interesse und floss daher auch maßgeblich in die Konzeption der SDGs mit ein.

Warum kam der Donut nach Amsterdam?

Im April 2020, zu Beginn der ersten Corona-Welle, verkündete die Verwaltung in Amsterdam um Marieke van Doorninck eine wirtschaftliche Revolution. Die Stadt will das Labor Europas für Kreislaufwirtschaft werden. Diese bewusste Abkehr von den bisherigen Konsum- und Produktionsmustern ist als Antwort der Stadt auf die Pandemie und die Klimakrise zu verstehen.

Wie unterstützt Kate Raworth die Stadt Amsterdam?

Kate Raworth berät die Stadt bei diesem Transformationsprozess von Beginn an, gemeinsam wurde das Konzept »Amsterdam City Doughnut« entwickelt. Amsterdam ist damit die erste »Doughnut City« auf der Welt. In zehn Jahren will Amsterdam nur noch halb so viele Rohstoffe verbrauchen, 2050 sollen kaum noch Ressourcen von außerhalb benötigt werden. Weitere Städte wie Kopenhagen, Barcelona, Brüssel, Philadelphia und Portland beabsichtigen nachzuziehen.

Was ist in Amsterdam bereits passiert?

Über 200 zirkulare Pilotprojekte existieren bereits über die Stadt verteilt. Die Circular Strategy fokussiert sich zunächst auf die drei lokal gut zu steuernden Wertschöpfungsketten Lebensmittel und organische Abfälle, Konsumgüter und den Bausektor.

Amsterdam City Doughnut

Klimawandel · Versauerung der Weltmeere · Ozonabbau · Amsterdam, eine blühende Stadt · Umweltbelastung durch Chemikalien · atmosphärische Aerosolbelastung · ökologische Zwänge · Energie · Wasser · Lebensmittel · Gesundheit · soziale Bedürfnisse · Netzwerke · Bildung · Wohnen · Einkommen und Arbeit · Geschlechtergerechtigkeit · soziale Gerechtigkeit · politische Mitbestimmung · Frieden und Gerechtigkeit · Stickstoff- und Phosphorkreisläufe · Biodiversität · sozial gerecht und ökologisch sicher · Landnutzungswandel · Süßwasserverbrauch

Quelle: Amsterdam Circular 2020–2025. Strategy, S.14

Stufen der Kreislaufwirtschaft

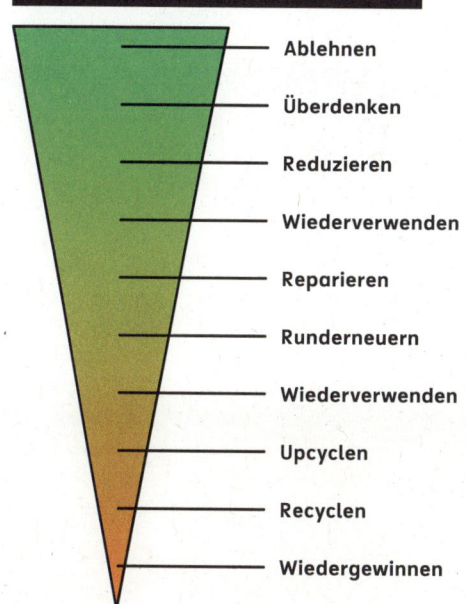

- Ablehnen
- Überdenken
- Reduzieren
- Wiederverwenden
- Reparieren
- Runderneuern
- Wiederverwenden
- Upcyclen
- Recyclen
- Wiedergewinnen

Quelle: Amsterdam Circular 2020–2025. Strategy, S.12

Recherchetipps

Lohnende Quellen

\# SDG-Portal für Kommunen – SDG-Indikatoren, SDG-Maßnahmen und SDG-Berichte (Bertelsmann-Stiftung) (https://sdg-portal.de/de)

\# Kate Raworth: Das Ziel einer gesunden Wirtschaft ist ihr Gedeihen, nicht ihr Wachstum (TED 2018)

Filmtipps

\# Wie wird die Stadt satt?

\# Wem gehört die Stadt?

Recherche-Strategie: Modelle nutzen

Modelle enthalten lohnende Begriffe und Themenfelder, die uns weiterhelfen können.

App Actionbound – SDG-Rallye

Mit der App Actionbound lassen sich digitale Schatzsuchen, sogenannte Bounds, erstellen. In einen Bound können unterschiedliche Aufgaben eingebaut werden wie Quizfragen, Suchaufgaben, Erstellen von Audios oder Videos. Viele Bounds sind öffentlich zugänglich. Mehrere Städte bieten eine SDG-Rallye an. Mit einem solchen Bound kann auch gut die Bevölkerung auf ein wichtiges Thema im Sinne der SDGs hingewiesen werden.

Zukunftsdialog

Wann ist das nächste Stadtjubiläum oder das nächste besondere Jahr unserer Stadt? In einem öffentlichen Dialog mit der Bevölkerung werden gemeinsam Zukunftsideen entwickelt. Oft werden bestimmte Altersgruppen gesondert befragt z. B. durch ein Jugendparlament.

Beispiel: Kiel 2042 (https://www.kiel.de/2042)

Das Modell für eine nachhaltige Stadtentwicklung zeigt viele Themenfelder zum Handeln auf

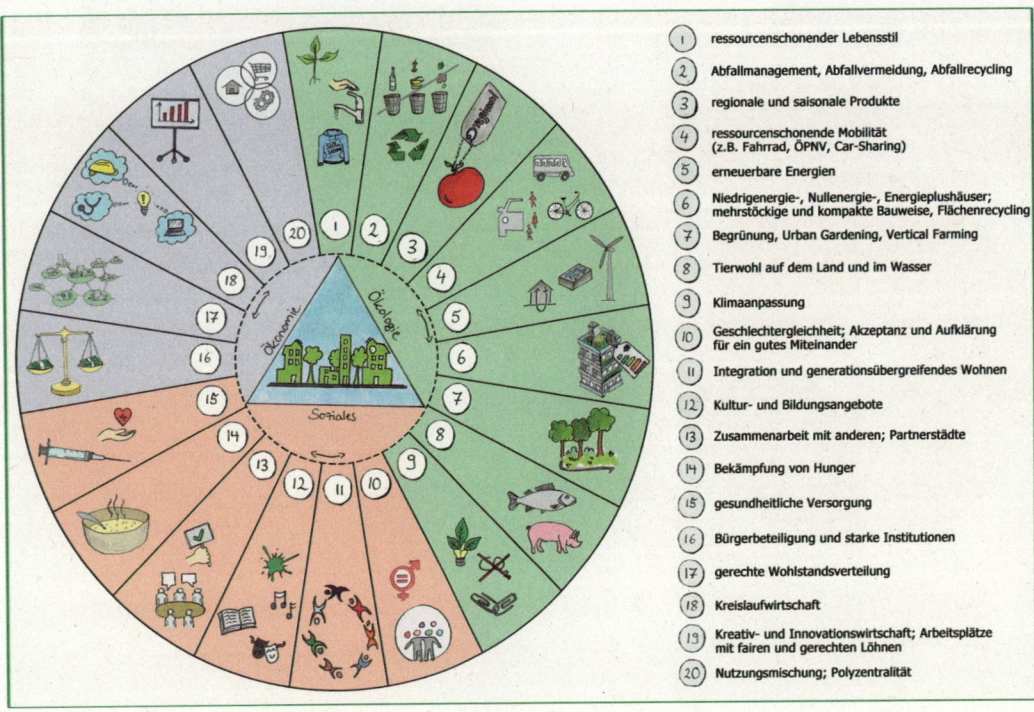

1. ressourcenschonender Lebensstil
2. Abfallmanagement, Abfallvermeidung, Abfallrecycling
3. regionale und saisonale Produkte
4. ressourcenschonende Mobilität (z.B. Fahrrad, ÖPNV, Car-Sharing)
5. erneuerbare Energien
6. Niedrigenergie-, Nullenergie-, Energieplushäuser; mehrstöckige und kompakte Bauweise, Flächenrecycling
7. Begrünung, Urban Gardening, Vertical Farming
8. Tierwohl auf dem Land und im Wasser
9. Klimaanpassung
10. Geschlechtergleichheit; Akzeptanz und Aufklärung für ein gutes Miteinander
11. Integration und generationsübergreifendes Wohnen
12. Kultur- und Bildungsangebote
13. Zusammenarbeit mit anderen; Partnerstädte
14. Bekämpfung von Hunger
15. gesundheitliche Versorgung
16. Bürgerbeteiligung und starke Institutionen
17. gerechte Wohlstandsverteilung
18. Kreislaufwirtschaft
19. Kreativ- und Innovationswirtschaft; Arbeitsplätze mit fairen und gerechten Löhnen
20. Nutzungsmischung; Polyzentralität

Wichtige Akteursgruppen

\# Stadt- bzw. Gemeindeverwaltung – insbesondere Stadtplanungs- und Umweltamt

\# Initiativen oder Foren von Bürgerinnen und Bürgern

\# Architektur- und Stadtplanungsbüros

\# Menschen aus Politik (z.B. Ortsbeirat), aus Wissenschaft (z.B. Geographie) und Wirtschaft – ggf. auch zur finanziellen Unterstützung

\# Medien/Presse

\# Influencerinnen und Influencer

#WirHANDELN!

Taten für morgen

Der Rat für Nachhaltige Entwicklung bietet mit dieser Plattform die Gelegenheit, sich mit anderen Menschen zusammenzuschließen und die eigenen Aktionen sichtbar zu machen – insbesondere zu den Deutschen Aktionstagen Nachhaltigkeit, die immer in der letzten vollen Septemberwoche stattfinden. (https://www.tatenfuermorgen.de/)

bunterbeton – Podcast für kulturelle Stadtentwicklung

Der Verein »Urbanisten e. V.« stellt in seinem Podcast Menschen vor, die ihre eigene Stadt (mit)gestalten. (https://www.bunterbeton.org/)

Projekt Nachhaltigkeit

Preisträgerinnen und Preisträger des Wettbewerbs von RENN – Regionale Netzwerke Nachhaltigkeit (https://www.projektnachhaltigkeit.renn-netzwerk.de/preistraeger)

Kinderfreundliche Kommunen

Umsetzung der UN-Kinderrechtskonvention auf kommunaler Ebene (https://www.kinderfreundliche-kommunen.de)

Kreislaufwirtschaft zur Umsetzung des Donut-Modells

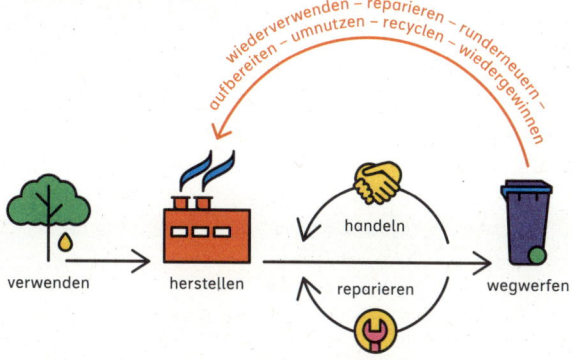

Quelle: Amsterdam Circular 2020–2025. Strategy, S.19

Amsterdam handelt

Begrünung des öffentlichen Raumes und Shared Space (gleichberechtigtes Teilen der Straße)

12 NACHHALTIGE/R KONSUM UND PRODUKTION

Zu gut zum Wegwerfen!

Mit der App »Too Good To Go« lassen sich Lebensmittel retten – ganz lokal

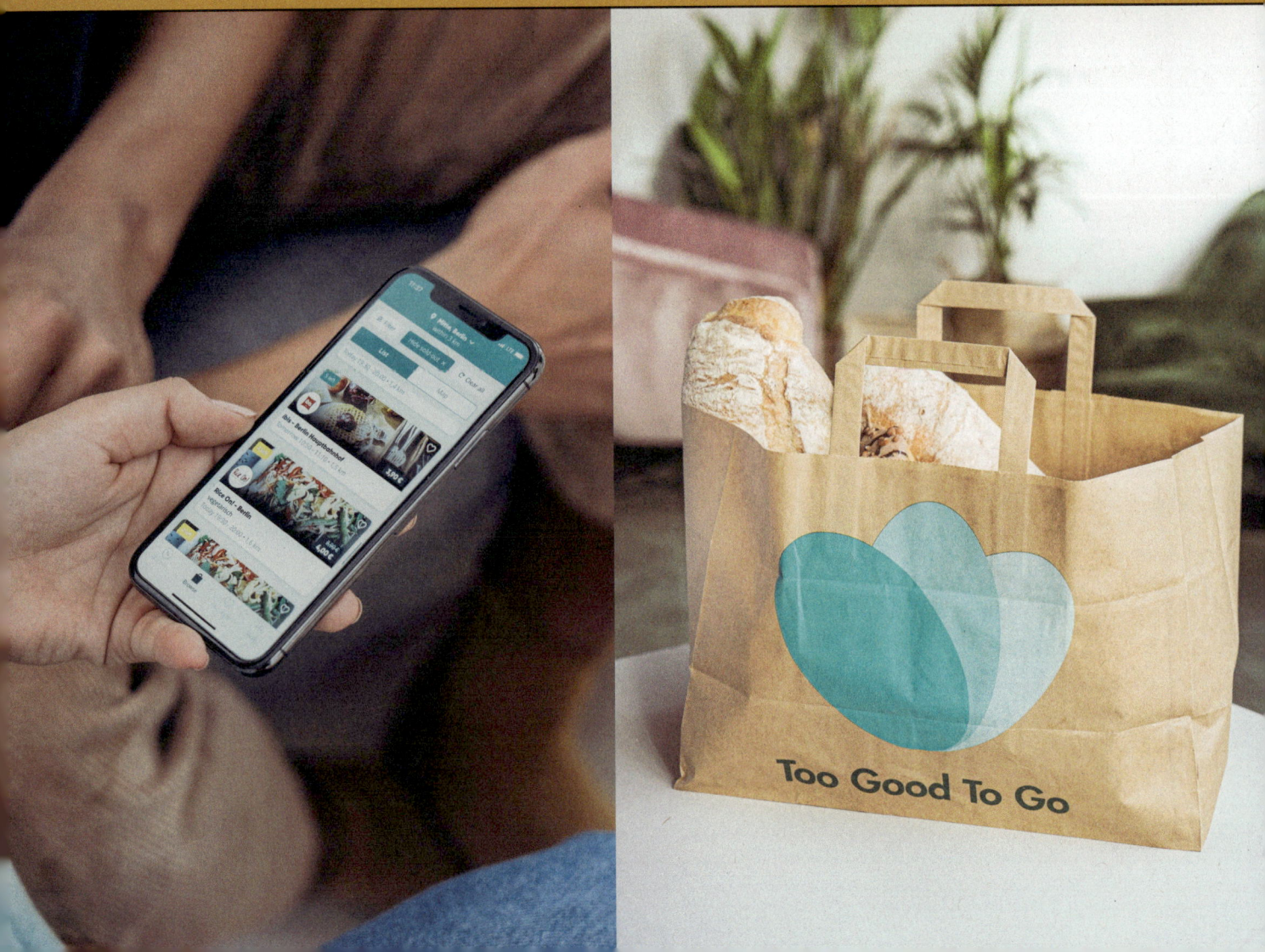

Frau Berment, was ist aus Ihrer Sicht das Besondere an Too Good To Go?

LAURE BERMENT: Weltweit wird ein Drittel aller Lebensmittel verschwendet. Mit Too Good To Go kann sich jeder Mensch aktiv für die Rettung von Lebensmitteln einsetzen, jeden Tag und ohne großen Aufwand. Über die gleichnamige App können gastronomische Betriebe wie Cafés, Restaurants, Bäckereien, Supermärkte & Co. überschüssiges Essen zu einem vergünstigten Preis an Selbstabholer/-innen anbieten, damit es nicht weggeworfen werden muss. Das bedeutet leckeres Essen zu einem kleinen Preis für unsere Community, weniger Verschwendung für die Betriebe und Ressourcenschonung für die Umwelt. Wir sprechen hier gerne von einer »Win-Win-Win-Situation«.

Was sind Ihre Ziele für Too Good To Go in Deutschland?

Nachdem wir im letzten Jahr weltweit die 50 Millionen Marke geknackt haben, wollen wir mit Too Good To Go bis zum Jahr 2025 insgesamt 1 Milliarde Mahlzeiten vor der Tonne retten. Neben der App engagiert sich Too Good To Go übrigens auch in anderen Bereichen für Lebensmittelrettung – zum Beispiel über Aufklärungskampagnen, Bildungsangebote und auf dem politischen Parkett. Wenn wir es schaffen wollen, die Lebensmittelverschwendung bis 2030 zu halbieren, müssen alle mitanpacken. Deshalb wollen wir jeden Menschen dazu inspirieren, sich für die Lebensmittelrettung stark zu machen.

Laure Berment, Geschäftsführung Too Good To Go Deutschland

Was müsste aus Ihrer Sicht passieren, damit wir als Gesellschaft viel weniger Lebensmittel wegwerfen?

Mehr als die Hälfte der Lebensmittelverschwendung findet in den eigenen vier Wänden statt. Deshalb sollten wir uns gerade zuhause bemühen, einen bewussteren Umgang mit Lebensmitteln an den Tag zu legen. Dazu gehört unter anderem, sich kritisch mit dem Mindesthaltbarkeitsdatum (MHD) auseinanderzusetzen. Das MHD ist eine Qualitätsgarantie der Hersteller und besagt, wie lange ein Produkt seine spezifischen Eigenschaften bei korrekter Lagerung mindestens haben muss. Die meisten Produkte mit MHD – wie zum Beispiel Joghurt – sind aber über dieses Datum hinaus haltbar und damit oft länger gut. Es ist absolut sinnvoll, die eigenen Sinne einzusetzen und sich auf Geruch, Geschmack und Optik zu verlassen, um die Qualität eines abgelaufenen Lebensmittels zu prüfen, bevor man es vorschnell entsorgt.

Was könnten Schülerinnen und Schüler aus Ihrer Sicht tun, um einen nachhaltigeren Konsum voranzubringen?

Das persönliche Konsumverhalten ist heutzutage vor allem für junge Menschen ein wesentlicher Hebel für mehr Ressourcenschonung und Klimaschutz geworden. Das ist toll zu sehen und für unsere Mission der Lebensmittelrettung natürlich enorm hilfreich. Ich möchte alle Schülerinnen und Schüler darin bestärken, diesen Weg weiterzugehen und auch ihr Umfeld zu einem nachhaltigen Umgang mit Lebensmitteln zu motivieren. Denn Lebensmittelretter leisten nachweislich einen wichtigen Beitrag im Kampf gegen den Klimawandel. Das sind die kleinen Veränderungen, die unsere Welt so dringend braucht.

Downloadzahlen der App Too Good To Go

Downloads in Tausend

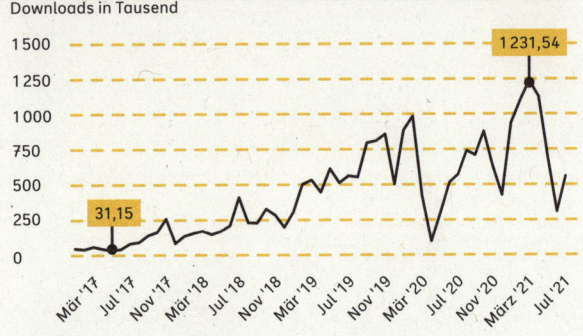

Quelle: airnow

So lange sind Lebensmittel nach Ablauf des Mindesthaltbarkeitsdatum nutzbar

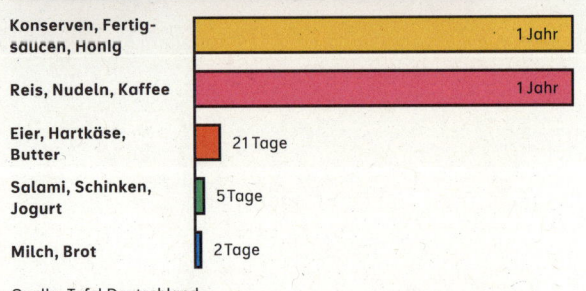

Konserven, Fertig-saucen, Honig	1 Jahr
Reis, Nudeln, Kaffee	1 Jahr
Eier, Hartkäse, Butter	21 Tage
Salami, Schinken, Jogurt	5 Tage
Milch, Brot	2 Tage

Quelle: Tafel Deutschland

Wo entstehen Lebensmittelabfälle in Deutschland? (2021)

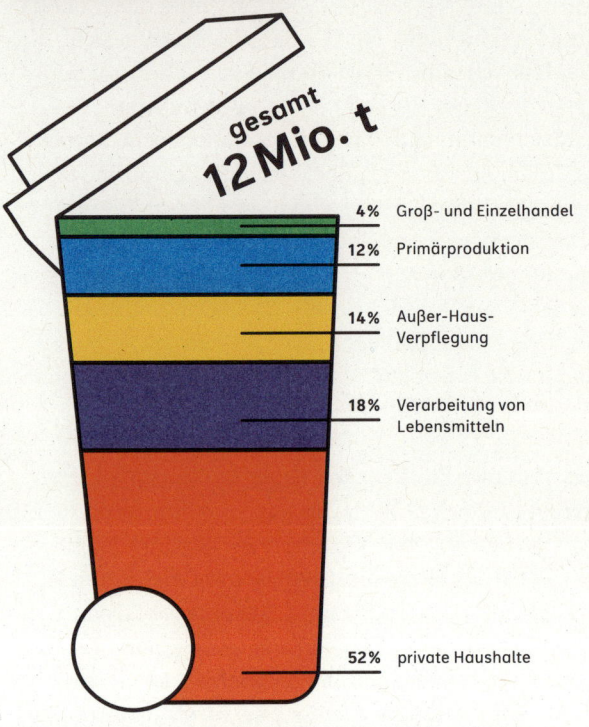

gesamt 12 Mio. t

4% Groß- und Einzelhandel
12% Primärproduktion
14% Außer-Haus-Verpflegung
18% Verarbeitung von Lebensmitteln
52% private Haushalte

Quelle: https://www.bmel.de/DE/themen/ernaehrung/lebensmittel
verschwendung/studie-lebensmittelabfaelle-deutschland.html

Recherchetipps

Filmtipps:

Taste The Waste (2011) – der Klassiker von Valentin Thurn, sehr gut als Einstieg in das Thema geeignet

Wasted (2017) – hier berichten verschiedene Akteure über den aktuellen Stand in Sachen Lebensmittelver-schwendung und über Ideen zur Rettung von Lebens-mitteln

Food Inc. (2008) – provokant wird über die schädlichen Auswirkungen auf die Gesundheit und auf die Umwelt durch die Lebensmittelindustrie berichtet, sogar oskarnominiert!

Rotten (2018) – die Netflix-Serie stellt die verschie-denen Produktionsmethoden von Lebensmitteln in den Vordergrund. Dabei werden die Geschäftspraktiken der Lebensmittelindustrie gezeigt, bis hin zu kartell-ähnlichen Vorgehensweisen.

Chef's Table (2017) – Chefköche aus aller Welt bei der Arbeit, hier werden insbesondere regionale Lebens-mittel wertgeschätzt

Recherche-Idee

Interviews mit Geschäftsführungen von Lebensmittel-geschäften und ihr Umgang mit der Lebensmittel-verschwendung

Lohnende Quellen

»Stoppt die Lebensmittelverschwendung« – WDR-Film mit Ideen zum Nachhaltig-keitshandeln

Bundesministerium für Ernährung und Landwirtschaft – Lebensmittelverschwen-dung

Welthungerhilfe: Ursachen und Fakten zur Lebensmittelverschwendung

#WirHANDELN!

Leckere Gerichte aus übrig gebliebenen Lebensmitteln

App Zu gut für die Tonne
https://www.zugutfuerdietonne.de/tipps-fuer-zu-hause/reste-rezepte/beste-reste-app
https://www.bmel.de/DE/themen/ernaehrung/lebensmittelverschwendung/reste-app.html

Wegwerfen von Lebensmitteln verhindern

App Foodsharing
https://foodsharing.de/

Lebensmittel aus übrig gebliebenen Lebensmitteln

Resteritter
https://resteritter.de/

Restaurant mit Gerichten aus aussortierten Lebensmitteln

Instock, Amsterdam
https://www.instock.nl/en/

Wichtige Akteursgruppen

Nachhaltige Start-Ups mit dem Ziel, die Lebensmittelverschwendung zu vermeiden (u. a. Preisträger vom Bundespreis »Zu gut für die Tonne«) (https://www.bmel.de/DE/themen/ernaehrung/lebensmittelverschwendung/zgfdt-bundespreis.html)
Geschäftsführungen von Lebensmittelläden, Bäckereien, Restaurants, Cafés, Hotels mit Buffet
Politikerinnen und Politiker
Nichtregierungsorganisationen (z. B. Greenpeace, Oxfam, Gemeinsam für Afrika)

Schulfest

Als Kick Off für die Vermeidung von Lebensmittelverschwendung wird ein Schulfest organisiert, bei dem möglichst alle Jahrgänge anwesend sind. Hierbei können sowohl Gäste lohnende Vorträge halten, aber auch wir bringen uns aktiv mit ein – beim Kochen, beim Backen oder beim Herstellen von Marmelade.

Gartenfest mit aussortierten Lebensmitteln

Wir kontaktieren vorher Lebensmittelgeschäfte.
Wir holen die abgelaufenen Lebensmittel ab und versuchen daraus ein leckeres und gesundes Essen zuzubereiten.
Ein solches Zusammenkommen stärkt die Gemeinschaft und rettet Lebensmittel vor der Tonne.

Politikerinnen und Politiker kontaktieren

Wir kontaktieren die Person, die für unseren Wahlkreis im Bundestag sitzt. Wir informieren sie über unsere Recherche-Ergebnisse und fragen nach den aktuellen Bemühungen zur Verringerung der Lebensmittelverschwendung in Deutschland bzw. in der EU.

#DeutschlandRettetLebensmittel

Vom 29. September bis zum 6. Oktober 2021 fand unter dem Motto #DeutschlandRettetLebensmittel eine bundesweite Aktionswoche statt. Das Schwerpunktthema waren Obst und Gemüse – passend zum Internationalen Jahr für Obst und Gemüse. Gerade Obst und Gemüse landen aufgrund ihrer geringen Haltbarkeit häufig im Müll.

13 MASSNAHMEN ZUM KLIMASCHUTZ

Klimakrise, Klimaschutz und Klimaanpassung

Demonstration von Fridays for Future

Luisa Neubauer fragt:

Was fragen wir uns?

\# Ist die Bezeichnung »Klimakrise« berechtigt?

\# Wenn ja, wie trifft die Klimakrise mich und andere?

\# Wie sind da die Zusammenhänge?

\# Was kann ich wirklich zum Klimaschutz beitragen?

\# Wie müssen wir uns anpassen an das veränderte Klima?

Is(s)t weniger Fleisch – mehr Future?

aus einem Referat von Tara-Luisa F. vom 15.12.2031, Greta-Thunberg-Schule, Berlin:

Habe einen über zehn Jahr alten Bericht zum Fleischkonsum von Jugendlichen gefunden. Hiernach haben sich im Jahr 2020 nur 13 % der jungen Leute im Alter zwischen 15 und 29 Jahren vegetarisch ernährt. Die anderen haben sich nicht mit unserer Zukunft auseinandergesetzt. Jetzt müssen wir mit diesen heißen Sommern versuchen zu leben.

Unsere Zeit läuft ab

»Verehrte Fluggäste, leider haben wir bereits vor geraumer Zeit den Punkt verpasst, an dem wir in einen geregelten Sinkflug hätten übergehen müssen, um sanft auf unserem Zielflughafen zu landen. Wir könnten die Landebahn zwar noch immer erreichen, aber dazu müssten wir jetzt einen sehr steilen und damit für alle an Bord sehr unangenehmen Sturzflug einleiten. Das wollen wir Ihnen nicht zumuten, weshalb wir ganz einfach auf Kurs bleiben.«

Quelle: Volke, Ralf: Unsere Zeit läuft ab. In: Kieler Nachrichten, Kiel, 22.01.2022, Unser Sonntag

Klimawandel in der Arktis und die Folgen für unser Klima

Video: NASA – So rasant schmilzt die Arktis

Die Arktis erwärmt sich durch den Klimawandel stärker als andere Klimazonen.

↓

Die Temperaturgegensätze Arktis – subpolare/gemäßigte Breiten nehmen ab.

↓

Die Druckgegensätze in der Höhe werden abgeschwächt.

↓

Der Jetstream wird abgeschwächt.

↓

Die Schlingen des Jetstreams ziehen weniger schnell von West nach Ost.

↓

Heiße Luftmassen von Süden können bis nach Nordeuropa einströmen.

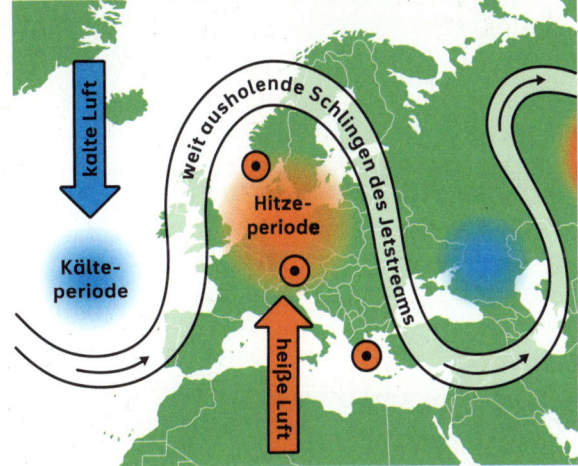

Lagestabiler Jetstream und die Folgen

⊙ großflächige Brände

Hitzetote – Tagesschau vom 03.12.2020

In einer neuen Studie zu den Auswirkungen der Klimakrise wird deutlich, dass es in den vergangenen Jahren in Deutschland wesentlich mehr Hitzetote als früher und auch als in anderen Ländern der Erde gab. 2018 starben 20 200 über 65-Jährige in Zusammenhang mit Hitze.

Aktuelles zum Klima vom Helmholtz-Zentrum

https://www.helmholtz-klima.de/aktuelles

#WirRecherchieren

Klimawandel in Deutschland
\# Zeitreihen des Deutschen Wetterdienstes (DWD)
\# Deutscher Klimaatlas des deutschen Klimaportals
\# Klimanavigator – Der Wegweiser zum Klimawissen in Deutschland
\# Klimakrise und Klimafolgen im Bildungsserver

Klimakrise und Wetterextreme
Video:
Annual Arctic sea ice minimum
1979-2020 with area graph

Scinexx:
Mehr Hitzesommer durch Riesenwellen

Scinexx:
Wetterextreme überall

Folgen unseres Fleischkonsums
WissensWerte: Fleisch und Nachhaltig-keit – Erklärfilm Youtube

Klimaanpassung in Städten
\# Konzept KLIMAKS der Stadt Stuttgart
\# Karlsruher Klimaanpassungsstrategie
\# Klimaanpassung in München
\# Deutsche Anpassungsstrategie des Umweltbundesamtes
\# Klimalotse – Der Leitfaden für Städte und Gemeinden
\# Projekte und Studien – Ein Überblick über die Forschungslandschaft im Bereich Anpassung und Klimakrise
\# Tatenbank – Lokale und regionale Maßnahmen
\# Monitoringbericht – Folgen der Klimakrise und Anpassungsmaßnahmen

Klimakommunikation
Wie kommen wir über das Klima lohnend ins Gespräch? Das digitale Handbuch von Klimafakten hilft hier weiter!
https://www.klimafakten.de/

#WirEntwickelnIdeen

Projektideen zum Thema »Ernährung und Klimaschutz«
Wir erstellen Podcasts und Erklärfilme
\# Das Klima isst mit
\# Lebensmittel und ihre Klimabilanz
\# Rezepte: Der leckere Weg zum Halbzeit-Vegetarier
\# Wir treffen uns zum Klimafrühstück

Begrünung in Städten kühlt

Begrünung einer Hausfassade

Rasengittersteine auf einem Parkplatz

Städteranking nach Straßenbäumen

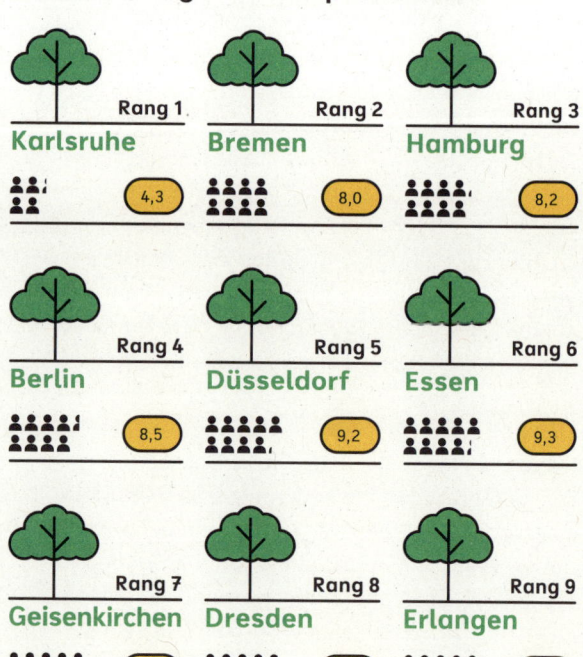

Rang 1 Karlsruhe 4,3
Rang 2 Bremen 8,0
Rang 3 Hamburg 8,2
Rang 4 Berlin 8,5
Rang 5 Düsseldorf 9,2
Rang 6 Essen 9,3
Rang 7 Geisenkirchen 9,3
Rang 8 Dresden 10,2
Rang 9 Erlangen 10,2

Einwohner je Straßenbaum

#WirHANDELN!

Sinnfluencerinnen/Sinnfluencer und #Instagram

aniahimsa (96k) – »gesund, bewusst & nachhaltig leben«

dorilina (125k) – Nachhaltigkeit, nachhaltiger Lebensstil

luisaneubauer (343k) – Klimawandel, Klimaschutz, Klimaaktivismus

gretathunberg (14 Mio.) – Klimawandel, Klimaschutz, Klimaaktivismus

mari.linni (42k) – nachhaltige Ernährung

Umweltministerium (65,7k) – Umweltschutz, Naturschutz

everydayclimatechange (139k) – Klimawandel

climatereality (294k) – Klimawandel, Klimaschutz

unclimatechange (750k) – Klimawandel, Klimaschutz

fridaysforfuture (487k) – Klimawandel, Klimaschutz, Klimaaktionismus

greenpeace (3.9 Mio.) – Umweltschutz, Nachhaltigkeit

thefrenchiegardener (30.1k) – Urban Gardening

urgrow.de (2.7k) – Urban Gardening

Akteure Klimaanpassung

Stadtplanungsamt

Umweltamt

Straßenbauamt

Grünflächenamt

Urban Gardening gibt es auch in unserer Stadt

Suchmaschine für urbane Gärten

Der Weg zur klimaneutralen Schule

Wie viel Strom unserer Schule geht als CO_2 in die Atmosphäre? Lasst uns unsere Schule klimaneutral machen! Viele Städte machen sich auf den Weg zur Klimaneutralität. Unsere Schule kann dabei als gutes Beispiel vorangehen. CO_2-Emissionen entstehen bei einer Schule für Strom, Heizung, Transport und Schulverpflegung.

Zuerst erfassen wir unsere CO_2-Emissionen, dann versuchen wir sie zu mindern (z. B. Elterntaxi verwöhnt, Radfahren versöhnt; Veggie-Days für alle) und zu kompensieren.
Mehr unter: https://klimaneutrale-schule.de/

KomPass-Tatenbank

In der KomPass-Tatenbank finden wir zahlreiche Maßnahmen zur Anpassung an die Folgen der Klimakrise in Deutschland.

Wir pushen als Influencerinnen/Influencer kühlendes Grün in unserer Stadt

Wir machen Vorschläge für Baumreihen, blühende Inseln und städtisches Gärtnern und vernetzen uns!

Colorful on Instagram: Guerilla Gardening in Hamburg

Klimabänder

Wir machen unsere Zukunftswünsche sichtbar. Eine schöne und bunte Idee sind Klimabänder.
https://www.klimabaender.de/

Klimakompass

Mit der CO_2-Tracking-App können wir mit unterschiedlichen Challenges unseren CO_2-Ausstoß reduzieren.
https://www.worldwatchers.org/klimakompass

14 LEBEN UNTER WASSER

A Race We Must Win

A Race We Must Win – diese Botschaft ziert das Segel der Seaexplorer von Weltumsegler Boris Herrmann

Herr Herrmann, auf Ihrem Segel steht »A Race We Must Win«. Welches Rennen meinen Sie damit?
BORIS HERRMANN: Den Wettlauf gegen die Zeit, um Lösungen für die Klimakrise zu finden.

Warum ist der Sieg der Menschheit aus Ihrer Sicht so wichtig?
Nur so können wir auf diesem Planeten mit einem stabilen Klima vernünftig leben.

Was waren Ihre ersten Schritte, um in diesem Sinne zu handeln?
Bei mir war es ganz viel Neugierde, um die Prozesse und die Veränderungen auf den Ozeanen zu verstehen und um herauszufinden, ob das etwas mit dem Klimawandel zu tun hat. Durch Anregungen anderer Segler, die bei Rennen Messungen vornahmen, haben wir diese Möglichkeiten weiterentwickelt, um als Segelteam einen wertvollen Beitrag zu liefern.

Wann wurde bei Ihnen aus der Neugierde richtiges Handeln?
Im Studium hatte ich nachhaltiges Management als Schwerpunkt. Als Schüler gegen den Castor demonstriert, mich an Schienen ketten lasten. Von daher ist es schwierig für mich, da ein konkretes Ereignis zu nennen. Vielmehr hatte ich schon immer Interesse an politischen und gesellschaftlichen Themen. Die Planung des Labors für die Weltumseglung bei der Vendée Globe 2020/21 startete bereits 2018. Dann folgte das Erstellen des Schulmaterials für unsere Homepage.

Auf Ihrem Segel ist auch das Logo der SDGs zu sehen. Welche Bedeutung haben die SDGs für Sie?
Die Vereinten Nationen als eine der neutralsten und konstantesten Organisationen haben eine große Autorität und mit den SDGs für mich eine Art Wertekanon entwickelt, an dem wir uns alle orientieren sollten. Das machen übrigens auch viele Unternehmen.

Sie sind mit Greta Thunberg über den Atlantik gesegelt. Was ist Ihnen von dieser Überfahrt besonders in Erinnerung geblieben?
Ihre Geisteshaltung, das Ganze nicht so moralisch zu sehen, hat mich vor allem beeindruckt. Sie versucht nicht zu urteilen über andere. Auch für die Schule ist es ganz wichtig, dass sich die Jugendlichen nicht schuldig fühlen. Wir dürfen nicht den Eindruck vermitteln, dass die Jugendlichen allein durch ihr eigenes Handeln die Möglichkeit hätten, das Problem zu lösen. Das ist ein zu verkürztes Denken. Wir müssen schon einen gesellschaftlichen Wandel mit anstoßen und uns engagieren.

Greta Thunberg und Boris Herrmann vor ihrer gemeinsamen Atlantik-Überquerung

Haben Sie auf See auch die Auswirkungen des menschlichen Handelns gespürt?
Ich sehe viel weniger Meerestiere als noch vor zehn Jahren – Wale, Delfine und Meeresvögel.

Große Teile der Ozeane sind komplett ausgestorben. Neu sind dagegen die riesengroßen Seegrasfelder, die auch in der Karibik großen Schaden anrichten. Viele der bedrohlichen und tief greifenden Veränderungen der Ozeane sehen wir aber nicht mit bloßem Auge. Die kann die Wissenschaft erahnen mit ihren Messungen, z. B. dass die Ozeane 93 % der Wärmeenergie des Klimawandels aufnehmen und somit der Dreh- und Angelpunkt des ganzen Klimasystems sind. Die Ozeane nehmen den Großteil der anthropogenen CO_2-Emissionen auf, verändern sich grundlegend in ihrer Biologie und in ihrer Temperatur und sind damit ein ganz wesentlicher Lebensquell als Klimaanlage unserer Erde. Hinzu kommt, dass für Ende dieses Jahrhunderts prognostiziert wird, dass mehr als 80 % aller Menschen in Küstenregionen leben werden. Somit spielen die Ozeane so eine große Rolle für uns und trotzdem leben wir immer noch mit dem Rücken zu den Ozeanen und kennen sie kaum.

Die Tiefsee ist weniger erforscht als die Oberfläche des Mondes. Bis heute kennen wir ganz viele Lebewesen der Ozeane gar nicht und wissen immer noch nicht, wie die Ozeane eigentlich funktionieren. Die Umwälzungsmechanismen in den Ozeanen dauern über Hunderte von Jahren. Das gilt auch für das aufgenommene CO_2 aus der Atmosphäre, das ebenso über Hunderte von Jahren verteilt wird. Der Zustand der Ozeane wird unser Leben auf der Erde ganz stark bestimmen. In der Atmosphäre können sich dagegen Dinge viel schneller ändern und Konzentrationen zurückgehen. Auch das Mikroplastik sehen wir nicht mit unseren Augen. Es wurde bereits in den entferntesten Bereichen der Ozeane nachgewiesen, selbst am Point Nemo. Wenn man dieses Mikroplastik sehen würde oder sich der Ozean violett färben würde, würde viel mehr Menschen klar werden, was da eigentlich passiert.

Die größten Müllstrudel

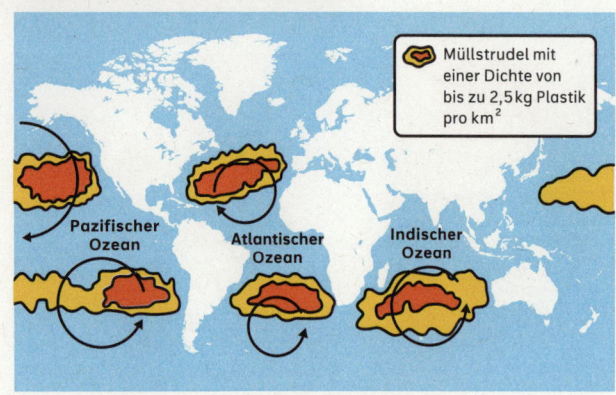

Müllstrudel mit einer Dichte von bis zu 2,5 kg Plastik pro km²

Pazifischer Ozean · Atlantischer Ozean · Indischer Ozean

Quelle: PNAS, UN-Umweltprogramm Unep

Zersetzungszeiten von Müll im Meer

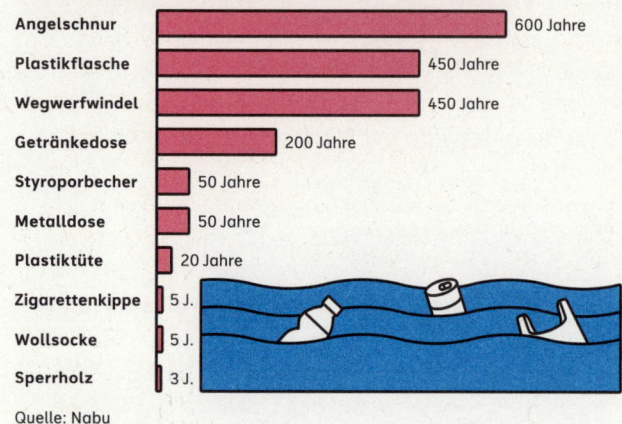

Angelschnur	600 Jahre
Plastikflasche	450 Jahre
Wegwerfwindel	450 Jahre
Getränkedose	200 Jahre
Styroporbecher	50 Jahre
Metalldose	50 Jahre
Plastiktüte	20 Jahre
Zigarettenkippe	5 J.
Wollsocke	5 J.
Sperrholz	3 J.

Quelle: Nabu

Plastik-Welt heute und morgen

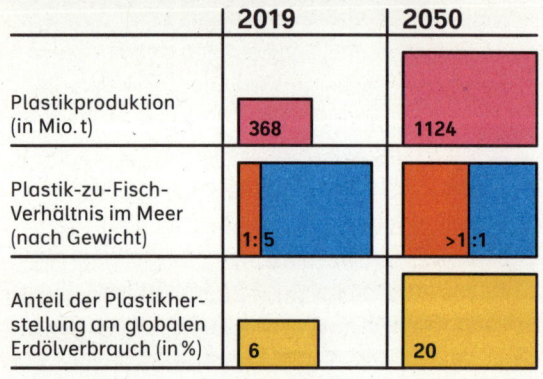

	2019	2050
Plastikproduktion (in Mio. t)	368	1124
Plastik-zu-Fisch-Verhältnis im Meer (nach Gewicht)	1:5	>1:1
Anteil der Plastikherstellung am globalen Erdölverbrauch (in %)	6	20

Quelle: World Economic Forum 2016; aktualisiert

Plastikproduzenten und Verursacher der Meeresvermüllung

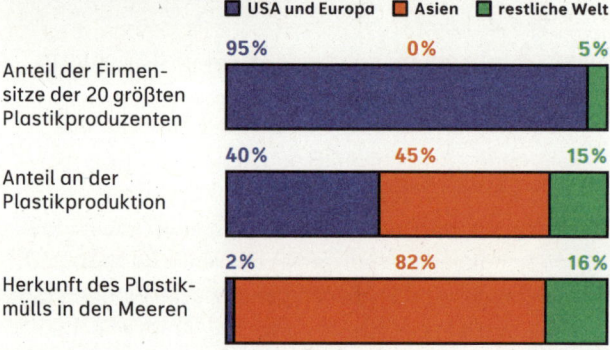

USA und Europa · Asien · restliche Welt

	USA und Europa	Asien	restliche Welt
Anteil der Firmensitze der 20 größten Plastikproduzenten	95 %	0 %	5 %
Anteil an der Plastikproduktion	40 %	45 %	15 %
Herkunft des Plastikmülls in den Meeren	2 %	82 %	16 %

Quelle: World Economic Forum 2016

Recherchetipps
\# Filmtipp: Deep Blue
\# Mikroplastik
\# Müllteppiche
\# Geoökosystem Weltmeer

Recherche-Ideen
\# Was wird aktuell in den Medien über die Ozeane berichtet?
\# Was passiert gerade aktuell in unseren Ozeanen?
\# Wie wird aktuell auf Social Media über die Ozeane berichtet?
\# Welche Initiativen gibt es aktuell zu den Ozeanen?

Lohnende Quellen
\# Deutsche Allianz Meeresforschung
https://www.allianz-meeres-forschung.de/
\# Friends of Ocean Action
https://www.weforum.org/friends-of-ocean-action
\# Geomar Helmholtz-Zentrum für Ozeanforschung
https://www.geomar.de/
\# Heinrich Böll Stiftung: Meeresatlas
https://www.boell.de/de/meeresatlas
\# IPCC-Sonderbericht Ozean und Kryosphäre
https://www.de-ipcc.de/252.php
\# World Ocean Review – informative und umfangreiche Magazine mit lohnenden Grafiken
https://worldoceanreview.com/de/

MEERESATLAS

#WirHANDELN!

#Ocean Challenge – Entdecke die Welt mit dem Team Malizia von Boris Herrmann

Die Dokumentation erfolgt mit unterschiedlichen Apps:
Clean Swell
Gewässerretter-App
BeachExplorer

Müllsammelaktionen von verschiedenen Organisationen – z.B. Coastal Cleanup Day, Ocean Cleanup Day, World Cleanup Day

#WirSchließenUnsZusammen

NGOs – Übersicht
Deutsche Stiftung Meeresschutz (DSM): Unterstützung gemeinnütziger Projekte
GHOST DIVING: Bergung von Geisternetzen
GREENPEACE: Fischerei, Schutzgebiete und Plastikmüll
KÜSTE GEGEN PLASTIK: Plastikmüll an deutschen Küsten vermeiden
OCEANCARE: Meeresschutz – bessere Lebensbedingungen in den Ozeanen
One Earth One Ocean: maritime Müllabfuhr
OUR FISH: Überfischung und nachhaltiger Fischfang
OZEANA: Überfischung und Welthunger
OZEANKIND: Plastikmüll vermeiden, Ocean Cleanups
WWF: Überfischung und Erhalt der Lebensräume

Weitere wichtige Akteursgruppen
Politikerinnen und Politiker (u.a. Umweltministerium)
Forschungseinrichtungen
engagierte Personen oder Organisationen wie Boris Herrmann und sein Team Malizia

#WirHANDELN!

Informieren mit eigenem Social Media Kanal
Wir erstellen einen eigenen Social Media Kanal, um auf die Situation der Weltmeere aufmerksam zu machen.

Wir kontaktieren bedeutende AkteurInnen und InfluencerInnen mit der Bitte uns zu liken.

Regelmäßig ergänzen wir neue aktuelle Posts, um die Zahl der FollowerInnen zu erhöhen.

Öffentlichkeitswirksame Aktionen durchführen
Wir planen, organisieren und führen eine öffentlichkeitswirksame Aktion zur Rettung der Weltmeere.

Diese findet an einem globalen Tag wie dem Ocean Cleanup Day statt, um in einem größeren Kontext wahrgenommen zu werden.

Hierzu laden wir Expertinnen und Experten und Pressevertreter/-innen ein. Die Expertinnen und Experten berichten über die aktuelle Situation und wir stellen unsere Aktion vor.

Nach Möglichkeit laden wir auch zuständige Vertreter/-innen aus der Politik ein, damit diese gleich Maßnahmen verkünden können. Solche Veranstaltungen veranstalten wir regelmäßig.

Erhalt der Wälder

Am 2. Februar 2011 hielt Felix Finkbeiner mit 13 Jahren eine Rede bei den Vereinten Nationen in New York

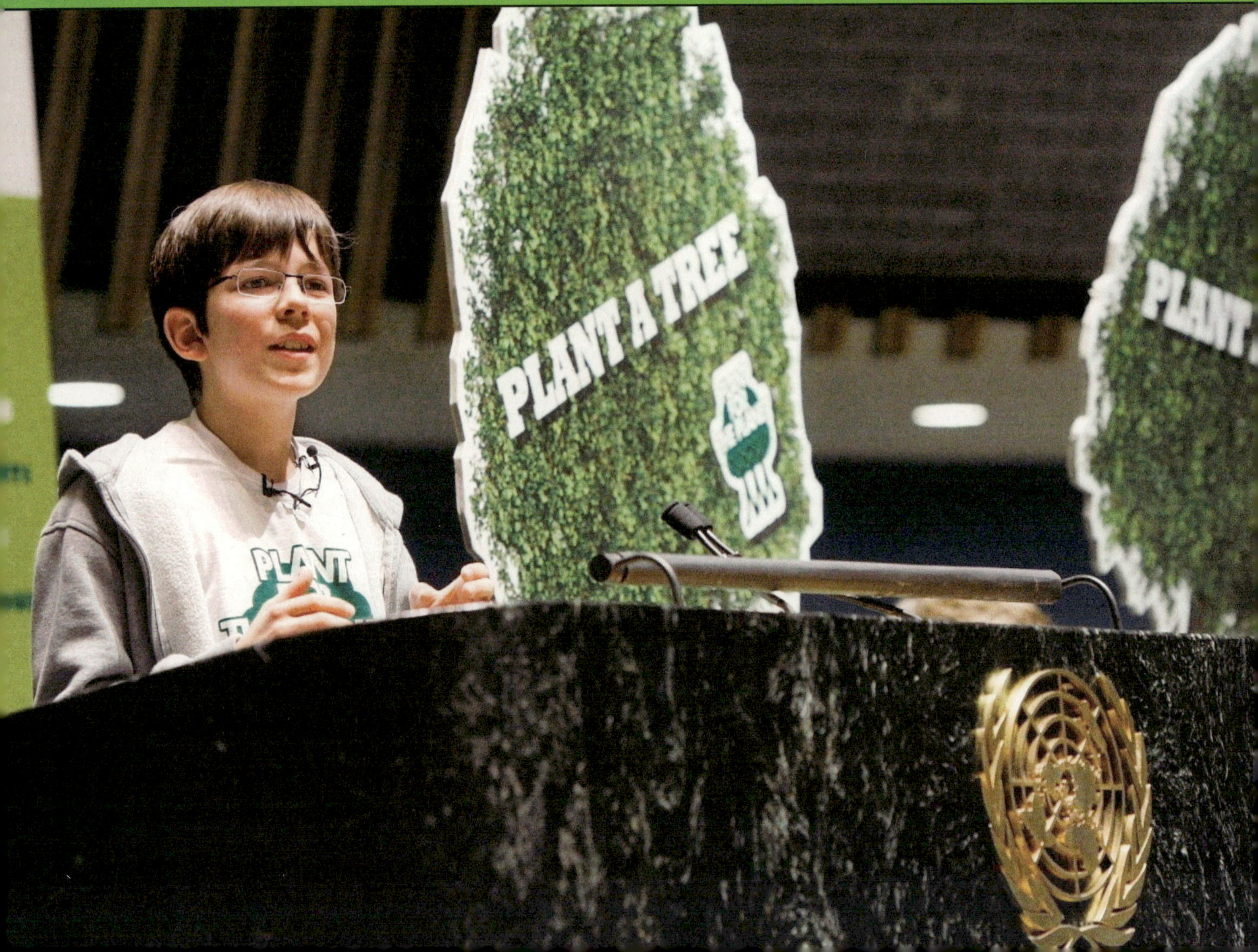

Felix Finkbeiner – Plant for the Planet

Herr Finkbeiner, aus Ihrer Idee, Bäume zu pflanzen, ist die NGO Plant-for-the-Planet geworden. Wie sind Sie zum Handeln gekommen?

FELIX FINKBEINER: Das war 2007 in der vierten Klasse. Ich hielt ein Referat, das ich »Das Ende des Eisbären« nannte. Bei meinen Recherchen stieß ich auf die kenianische Friedensnobelpreisträgerin Wangari Maathai, die mit der Hilfe vieler Frauen in Afrika innerhalb von 30 Jahren 30 Millionen Bäume gepflanzt hatte. Damit verhalf sie vielen dieser Frauen nicht nur zu einem ersten eigenen Einkommen. Sie konnten mit den Bäumen auch gleichzeitig der fortschreitenden Bodenerosion in ihrem Land entgegenwirken. Da kam mir die Idee, wir Kinder könnten in jedem Land der Erde eine Million Bäume pflanzen – und damit selbst etwas gegen die Klimakrise unternehmen. Denn, das hatte ich schon verstanden: Bäume filtern das klimaschädliche CO_2 aus der Atmosphäre und speichern den Kohlenstoff in ihren Blättern, Stämmen und im Boden. Wenige Wochen später, am 28. März 2007, pflanzten wir den ersten Baum vor unserer Schule in Starnberg. Zwei Journalisten berichteten über uns und viele andere Schulen in ganz Deutschland folgten unserer Idee. Das war der Beginn der Kinder- und Jugendinitiative Plant-for-the-Planet.

Was motiviert Sie, ständig weiter zu machen?

Für die Kinder und Jugendlichen ist die Klimakrise drängender denn je. Es geht um nicht weniger als ihre Zukunft. Die nächsten zehn Jahre sind entscheidend. Deshalb ist Plant-for-the-Planet auch Unterstützer der UN Dekade zur Wiederherstellung von Ökosystemen. Man darf nicht vergessen: Jedes Jahr verlieren wir zehn Milliarden Bäume – eine Fläche ungefähr so groß wie das Vereinigte Königreich. Die menschengemachte Klimaerwärmung zerstört unsere Wälder durch Brände, Stürme, Dürren und Flutkatastrophen. Unser Ziel ist deshalb die schnellstmögliche Wiederherstellung degradierter und verloren gegangener Wälder. Wenn es uns gelingt, bis 2030 eine Billion [= 1000 Milliarden] Bäume zurückzubringen und die bestehenden Wälder zu schützen, könnten diese bis zu einem Drittel aller bisherigen menschengemachten CO_2-Emissionen aufnehmen.

Globale Entwaldung

Jährliche Nettoveränderung der
Waldfläche (in Mio. ha)

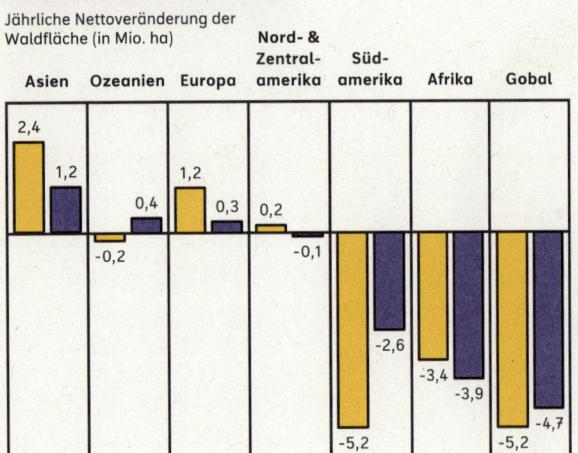

	2000–2010	2010–2020
Asien	2,4	1,2
Ozeanien	-0,2	0,4
Europa	1,2	0,3
Nord- & Zentralamerika	0,2	-0,1
Südamerika	-5,2	-2,6
Afrika	-3,4	-3,9
Gobal	-5,2	-4,7

Quelle: FAO

Rodung im Amazonas Gebiet
Audio-Beitrag der Tagesschau

Deutsche sorgen sich um ihren Wald

75 % der Deutschen sorgen sich um den
Zustand der deutschen Wälder

Größte Probleme des deutschen Waldes*:

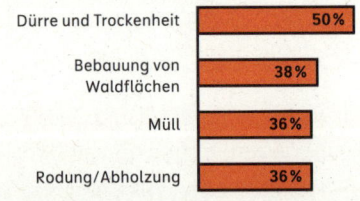

Dürre und Trockenheit	50%
Bebauung von Waldflächen	38%
Müll	36%
Rodung/Abholzung	36%

**Befürwortung folgender Schutzmaßnahmen für deutsche
und internationale Wälder*:**

84%	stärkere internationale Schutzmaßnahmen gegen Waldbrände
82%	mehr deutsche Wälder unter Schutz stellen
79%	mehr Engagement der deutschen Politik für den Regenwald
75%	mehr Regeln/Gesetze zum deutschen Waldschutz durch die Politik

* Mehrfachnennungen möglich
Befragung von 2 038 Menschen in Deutschland, 2021

Quelle: https://www.sinus-institut.de/media-center/presse/
studie-zum-internationalen-tag-des-waldes

Recherche-Tipp
#FORSTerklärt auf Instagram & Youtube
Homepage: https://forsterklaert.de/

FORSTerklärt – drei Studenten aus Göttingen bringen das Thema »Wald« über Social Media näher

Recherche-Strategie: Fakt oder Fake?
**Herr Finkbeiner, DIE ZEIT sprach Ende 2020 im
Zusammenhang mit Plant-for-the-Planet vom
Märchenwald, DER SPIEGEL 2021 vom Versenken von Steuergeldern. Wie gehen Sie mit solchen
Vorwürfen um?**
FELIX FINKBEINER: In der Vergangenheit haben wir
uns aus gutem Grund auf das Pflanzen von Bäumen konzentriert, weniger auf das Verfassen von
Geschäftsberichten. Doch wir haben selbst erfahren,
wie leicht enorme Anstrengungen für einen guten
Zweck in Frage gestellt werden können, wenn diese
nicht voll und ganz nachvollziehbar sind. Wir haben
uns vorgenommen, viel transparenter zu kommunizieren. Dazu gehört auch eine rückwirkende
Dokumentation in Form eines Transparenzberichtes,
der inzwischen online eingesehen werden kann.
Einen solchen Transparenzbericht werden wir in
Zukunft jährlich vorlegen, um so unsere Arbeit für
alle maximal nachvollziehbar zu machen.

Lohnende Quellen
\# Google Timelapse – Satellitenaufnahmen zu den Veränderungen auf
unserer Erde in den letzten Jahrzehnten u. a.: Deforestation in Rondônia,
Brasilien

\# Waldbericht der Bundesregierung (Bundesministerium für Ernährung und Landwirtschaft)

\# Übersicht über Organisationen für
Baumpflanzprojekte

\# zahlreiche Dokumentationen bei den Mediatheken
von ARD und ZDF – u. a. »Das neue Waldsterben«
(planet e, ZDF, bis September 2024)

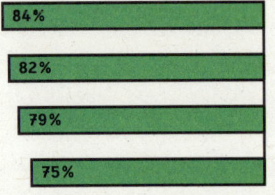

Herr Finkbeiner, was raten Sie Schülerinnen und Schülern, wenn die sich für ein ähnliches Projekt engagieren wollen?

FELIX FINKBEINER: Jede Idee ist es wert, ausprobiert zu werden. Als ich mit neun Jahren anfing, hatte ich keine Ahnung, wie sich unsere Initiative einmal entwickeln würde. Aufgrund meines noch jungen Alters war natürlich entscheidend, dass meine Eltern und auch die Schule mich von Anfang an unterstützt haben. Nicht zu vergessen: meine Mitschülerinnen und Mitschüler, die halfen, Flyer zu verteilen, und natürlich all die Kinder, die wie ich Vorträge hielten und das bis heute auch weiterhin tun: bei unseren kostenlosen Plant-for-the-Planet-Akademien für Kinder, die selbst aktiv werden möchten, aber auch vor Erwachsenen in Unternehmen oder bei Kongressen.

Nachhaltige Suchmaschine ECOSIA

Beim Suchen Bäume pflanzen – die Suchmaschine Ecosia pflanzt Bäume aus den Einnahmen für Anzeigen. Wer mit Ecosia sucht, sorgt dafür, dass weltweit Bäume gepflanzt werden. Nach Angaben der Suchmaschinen-Betreiber sind bereits über 140 Millionen Bäume gepflanzt worden – und zwar über 500 jeweils einheimische Arten.

Poster einer Baumpflanzaktion mit Bezug zu den SDGs

TreeMapper App

Die App ermöglicht das Kartieren des aktuellen Baumbestandes vor Ort – und das überall auf der Welt. Mit dieser App soll eine genaue Erfassung und Dokumentation des globalen Baumbestandes erreicht werden. Gleichzeitig können neu gepflanzte Bäume dort auch sofort erfasst werden.

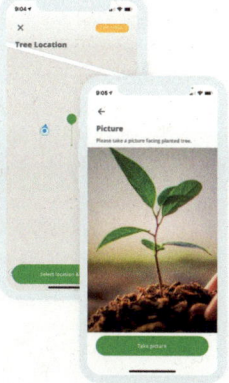

Wichtige Akteursgruppen

- \# Aufforstungsprojekte (z. B. Bergwaldprojekt, Ecosia, Eden Reforestation Projects, Green Forest Fund, Naturefund, OroVerde, PrimaKlima, Treedom, WWF)
- \# Initiativen zum Schutz der Wälder (z. B. Germanwatch, NABU, Naturland, FSC, Pro Wildlife, Rettet den Regenwald e. V., Robin Wood)
- \# Förstereien, Gärtnereien
- \# Politikerinnen und Politiker – vor Ort, auf Landesebene und national im Bundestag
- \# Wissenschaft – Expertinnen und Experten für den Überblick
- \# Medien/Presse
- \# Influencerinnen und Influencer

Herr Finkbeiner, wie können wir handeln, damit bis zum Jahr 2030 eine Billion Bäume zurückgebracht werden?

FELIX FINKBEINER: Um dieses Ziel zu erreichen, haben wir mit dem Know-how aus unserer eigenen Community die Plant-for-the-Planet-Plattform aufgebaut, die es allen Menschen ermöglicht, unser Ziel ganz einfach zu unterstützen. Renaturierungsorganisationen können auf Plant-for-the-Planet.org Baumspenden sammeln und gleichzeitig dokumentieren, wo und wie sie ihre Bäume pflanzen. Mit unserer neuesten Weiterentwicklung, der Tree-MapperApp, wird man sogar informiert, sobald die selbst gespendeten Bäume gepflanzt wurden. Das schafft Transparenz und Vertrauen und die Nutzung ist für alle kostenlos und datensicher. Unsere Kinder und Jugendlichen haben damit jetzt nicht nur ein ambitioniertes Ziel – sie haben auch ein smartes Tool, um dieses Ziel zu erreichen. Jetzt heißt es nur noch: »Stop talking. Start planting.«

WaldRetten

Aktionen der Tropenwaldstiftung OroVerde mit vielen Erfolgsgeschichten

Waldpate werden

Aktionen vom NABU zum Schutz der Wälder vor Ort – Urkunde und zwei Berichte pro Jahr

Einsatz gegen Hate Speech

Hate Speech ist in Social Media oft zu finden

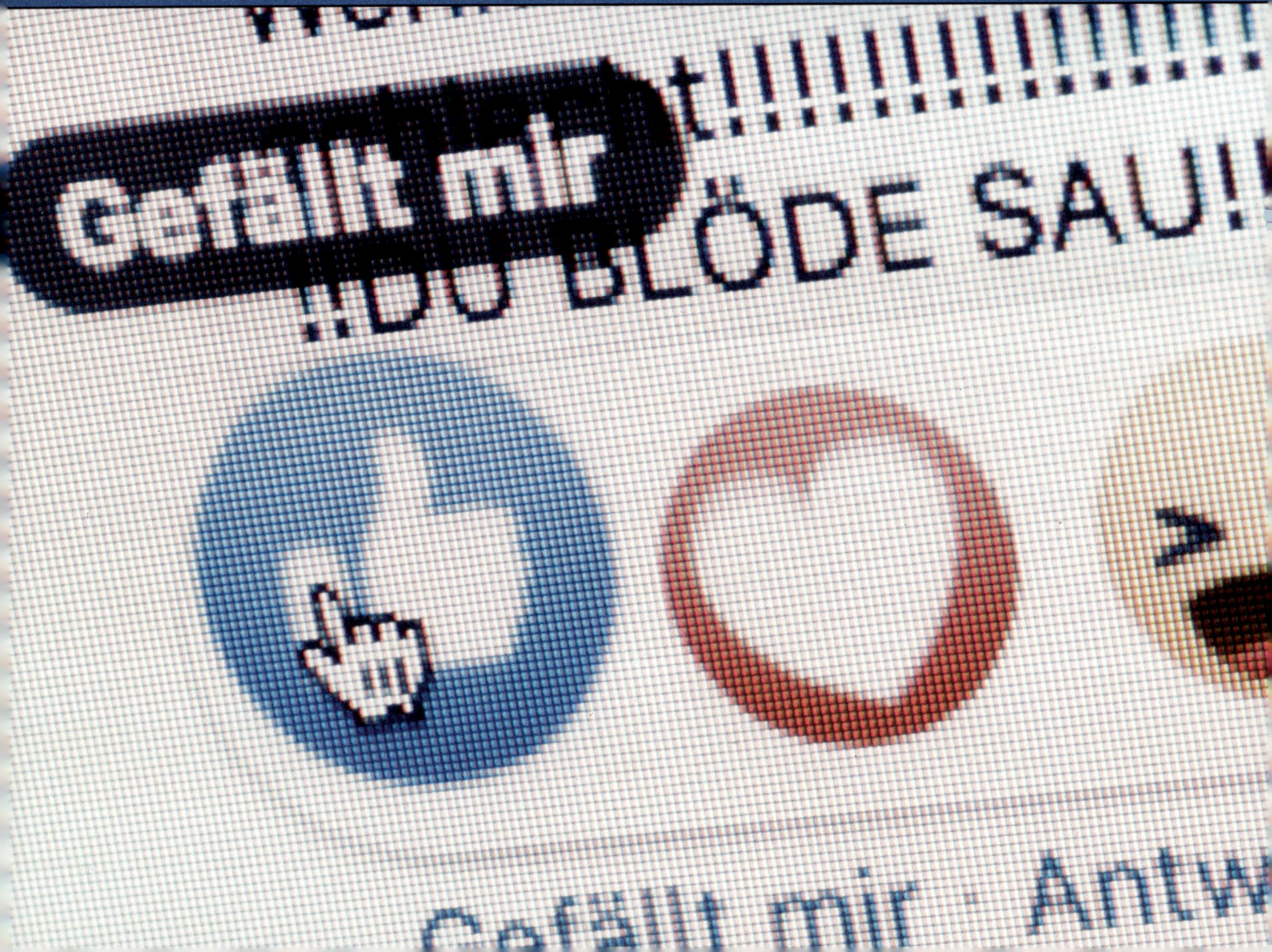

Anne Wizorek setzt sich unter anderem mit dem Hashtag #aufschrei gegen Hate Speech, insbesondere gegen Sexismus und Rassismus ein

Anne Wizorek, wie und warum haben Sie angefangen, sich zu engagieren?

ANNE WIZOREK: So genau lässt sich das gar nicht sagen, denn mein Gerechtigkeitssinn war irgendwie schon immer da. Wenn mein großer Bruder Dinge machen durfte und ich nicht – mit der »Begründung«, dass ich ja ein Mädchen sei – habe ich mich schon immer beschwert. Dann kam das Bloggen und ich habe meine politische Stimme gefunden und übers Schreiben einfach immer weiter entwickelt. Ein wichtiger Meilenstein für meinen Aktivismus war dann der Slutwalk Berlin im Jahr 2011, eine Demonstration gegen sexualisierte Gewalt und für sexuelle Selbstbestimmung, die ich mitorganisiert habe. Dort habe ich zum ersten Mal meinen Aktivismus auch auf die Straße gebracht. Mein Einsatz gegen digitale Gewalt und Hate Speech hat so richtig begonnen, als ich selbst davon betroffen war und merkte, dass es (damals) eigentlich keine Möglichkeiten gab, um Betroffenen wirklich zu helfen und insgesamt nur wenig Bewusstsein für das Problem.

Was motiviert Sie, ständig weiter zu machen?

Das ist an manchen Tagen gar nicht so leicht, weil es mitunter so aussehen kann, als würde sich nichts ändern. Dann hilft es mir aber, einen Blick in die Geschichte zu werfen und all die Sachen zu sehen, die auch irgendwann mal unmöglich schienen und heute ganz normal sind. Ob das nun das Frauenwahlrecht ist, die »Nein heißt Nein«-Reform im Sexualstrafrecht oder die Ehe für alle – all das hat lange gedauert, aber konnte auch nur erreicht werden, weil Menschen immer wieder dafür gekämpft haben. Ansonsten hilft mir immer auch der Austausch mit Freundinnen und Freunden und gleichgesinnten Aktivistinnen und Aktivisten, um sich auch mal »auszukotzen«, aber eben nicht zu verzagen, sondern aktiv zu bleiben.

Von Hate Speech betroffene Jugendliche

Anteil der Befragten, über die schon mal jemand falsche oder beleidigende Sachen per Handy oder Internet verbreitet hat

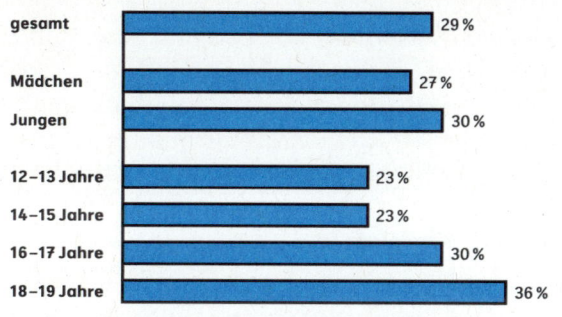

gesamt	29 %
Mädchen	27 %
Jungen	30 %
12–13 Jahre	23 %
14–15 Jahre	23 %
16–17 Jahre	30 %
18–19 Jahre	36 %

Quelle: https://www.mpfs.de/fileadmin/files/Studien/JIM/2020/JIM-Studie-2020_Web_final.pdf, S. 61

Formen von Hate Speech, die Jugendlichen im Internet begegnen

Mir sind im letzten Monat im Internet begegnet:

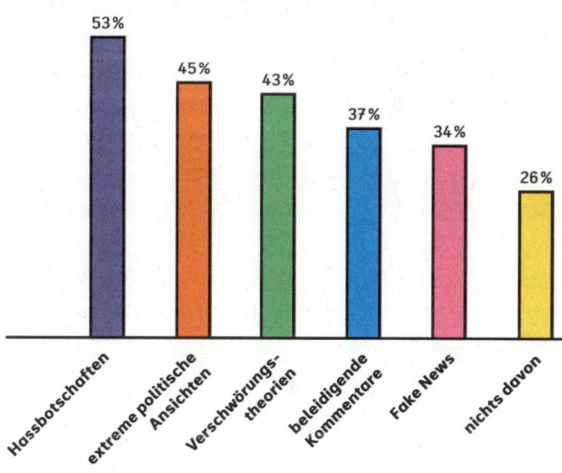

Hassbotschaften	53%
extreme politische Ansichten	45%
Verschwörungstheorien	43%
beleidigende Kommentare	37%
Fake News	34%
nichts davon	26%

Quelle: https://www.mpfs.de/fileadmin/files/Studien/JIM/2020/JIM-Studie-2020_Web_final.pdf, S. 63

Angst vor Hate Speech

»Ich habe aus Sorge vor Hate Speech schon einmal darauf verzichtet, einen Beitrag zu posten oder Beiträge bewusst vorsichtiger formuliert.«

Betroffene von Hate Speech:

Nicht Betroffene von Hate Speech:

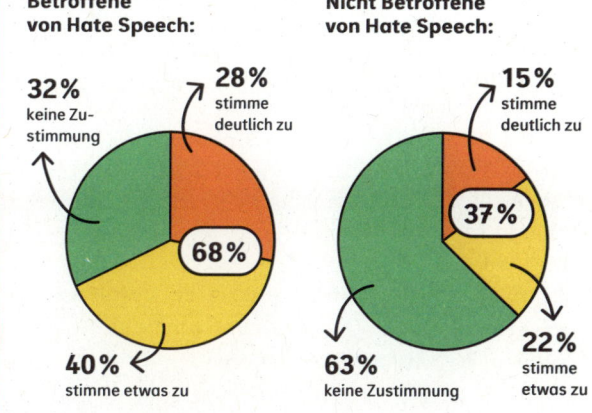

Betroffene von Hate Speech:
- 32% keine Zustimmung
- 28% stimme deutlich zu
- 40% stimme etwas zu
- 68%

Nicht Betroffene von Hate Speech:
- 15% stimme deutlich zu
- 63% keine Zustimmung
- 22% stimme etwas zu
- 37%

Quelle: https://www.presseportal.de/pm/145681/4634517

Begriffe

\# Hate Speech (auf deutsch: Hassrede) – Definition
\# Trolle
\# Haterinnen und Hater
\# Fakerinnen und Faker

Recherche-Strategie: Studienergebnisse nutzen!

\# JIM-Studie (Jugend, Information, Medien) des Medien-pädagogischen Forschungsverbundes Südwest (mpfs) (https://www.mpfs.de/studien/jim-studie/)
\# Hate Speech Forsa-Studie im Auftrag der Landes-anstalt für Medien NRW (https://www.medienanstalt-nrw.de/themen/hass/forsa-befra-gung-zur-wahrnehmung-von-hassrede.html)

Recherche-Strategie: Umfragen durchführen

Wie sieht es aktuell bei uns mit Hate Speech aus? In der Klasse, in der Schule, im Schulort, im Sportverein? Das erfahren wir nur, indem wir eine Umfrage durch-führen – entweder analog oder digital (z. B. mit Mentimeter). Mit einer Online-Umfrage lassen sich mehr Menschen erreichen, die jedoch nur zu einem Bruchteil auch daran teilnehmen. Je kürzer die Umfrage ist, umso höher ist die Chance, dass viele Menschen mitmachen. Um möglichst lohnende Fragen zu stellen, können wir uns an den Fragen von Studien zu Hate Speech orientieren.

Anne Wizorek, sehr bekannt wurde Ihr Hashtag #aufschrei. Wie können Schülerinnen und Schüler aus Ihrer Sicht Aufmerksamkeit für ihr Anliegen erreichen?

ANNE WIZOREK: Sexualisierte Gewalt beruht im Kern auf ungerechten Machtstrukturen und Geschlechterkli-schees. Ein guter Startpunkt ist also, sich mit eben diesen Klischees zu befassen (»Mädchen können kein Mathe«, »Jungs müssen immer stark sein«, »Rosa ist nur was für Mädchen« und so weiter) und darüber aufzuklären, wie schädlich sie für uns alle sind, weil sie am Ende immer auch zu ungerechten Geschlechterver-hältnissen führen. Schülerinnen und Schüler könnten sich außerdem dafür einsetzen, dass der Sexualaufklä-rungsunterricht stattfindet (viel zu oft fällt er gekürzten Stundenplänen zum Opfer) und in diesem nicht nur über Fortpflanzung und Verhütung gesprochen wird, sondern auch darüber, wie wir die Grenzen unseres Gegenübers achten, keinen Druck ausüben, und in dem einfach ein offenes Gespräch über Sexualität, Pubertät und alle Fragen drumherum ermöglicht wird.

Was müsste aus Ihrer Sicht passieren, damit wir uns noch stärker für weniger Hass und ein besseres und friedlicheres Miteinander einsetzen?

Ich glaube, unsere Gesellschaft muss ehrlicher mit sich selbst sein und zugeben, dass wir nun einmal von Sexismus, Rassismus, Antisemitismus, Behinderten-feindlichkeit und eben all diesen Vorurteilen (und auch entsprechendem Hass) beeinflusst sind. Ob wir wollen oder nicht, aber wir haben das in unterschiedlichem Ausmaß verinnerlicht und es eben schwer, das alles wieder zu verlernen. Es ist deshalb wichtig, dass wir bei uns selbst als Einzelpersonen anfangen, diskriminieren-des Verhalten zu hinterfragen und zu ändern und dann aber auch gemeinsam daran arbeiten, unsere gesell-schaftlichen Strukturen anders zu gestalten, damit wirklich alle Menschen ein gutes Leben führen können und ihre Rechte respektiert werden.

Aufrufe verbreiten

Eine Möglichkeit, das Thema »Hate Speech« in die Öffentlichkeit zu bringen, sind Aufrufe, wie das Beispiel #NetzohneGewalt zeigt. Viele Menschen aus Organisa-tionen, aus der Wissenschaft und aus der Politik haben diesen Aufruf unterzeichnet und gleichzeitig ihre Forde-rungen formuliert:

1. Problembewusstsein schaffen
2. Strukturen schaffen, um Strafverfolgung durchzu-setzen
3. bestehende Informations- und Beratungsstellen för-dern und ausbauen
4. Forschung zu geschlechtsspezifischer Gewalt aktuali-sieren und ausweiten. (http://netzohnegewalt.org/)

Wichtige Akteursgruppen

\# Hate Aid (Homepage und App) – erste Beratungsstelle Deutschlands

\# No Hate Speech – u. a. Helpdesk, Wissen und Kontern

\# Schau hin! – Initiative zur Sensibilisierung über die Mediennutzung von Kindern

\# Klicksafe – Kampagne der EU zur Förderung der Medienkompetenz und zur Sensibilisierung für Gefahren im Internet

\# Landesmedienzentren mit vielen Kampagnen (z. B. BW: Bitte Was?!)

\# Schulsozialdienst

\# Politikerinnen und Politiker – vor Ort, auf Landesebene, im Bundestag und im Europaparlament

\# Wissenschaft – Expertinnen und Experten für den Überblick

\# Medien/Presse

\# Influencerinnen und Influencer

#WirHANDELN!

Anne Wizorek, was raten Sie Schülerinnen und Schülern, wenn sie sich gegen den Hass in den sozialen Medien einsetzen wollen?

ANNE WIZOREK: Ich finde es sehr wichtig, sich in solchen Situationen einzumischen, gerade wenn eine einzelne Person auf diese Weise angegriffen wird. Dann sollte man immer zuerst die betroffene Person ansprechen und fragen, welche Form der Unterstützung sie sich gerade wünscht. Wichtig ist, dass sie nicht damit alleine bleiben muss und merkt, dass andere Menschen ihr zur Seite stehen. Konkrete Hilfe kriegt man außerdem bei Anlaufstellen wie HateAid. Geht es um Hate Speech gegen bestimmte Menschengruppen, die dann z. B. rassistisch, sexistisch oder gegen queere Menschen gerichtet ist, dann kann sich – je nach Situation – auch die Gegenrede mit korrekten Fakten lohnen. Was man immer bedenken sollte: Die meisten Menschen kommentieren eher nicht auf Social Media, sondern schauen sich die Sachen im Stillen an. Wenn man also bei diskriminierenden Äußerungen dagegen hält, ist das auch ein sehr wichtiges Signal an diese still Mitlesenden, gerade wenn sie vielleicht auch selbst von genau diesen Diskriminierungen betroffen sind.

Schule ohne Rassismus – Schule mit Courage

Hier werden Schulen im Einsatz für die Menschenwürde miteinander vernetzt. Bereits an etwa 3600 Schulen ohne Rassismus – Schulen mit Courage setzen sich Schülerinnen und Schüler aktiv gegen Diskriminierung ein. Dazu gehört auch Hate Speech.
https://www.schule-ohne-rassismus.org/

Zeichen gegen Mobbing

Zeichen gegen Mobbing ist ein Netzwerk junger Menschen, die sich aktiv für ein besseres Miteinander und gegen Mobbing einsetzen. Sie gehen an Schulen und unterstützen Schülerinnen und Schüler beim Umgang mit Mobbingsituationen. Das Ziel ist, Jugendliche von heute für das Miteinander von morgen zu stärken.
https://zeichen-gegen-mobbing.de/

Luisa Neubauer, Aktivistin von Fridays for Future, wurde auf Facebook sexistisch beleidigt. Nun wurde der Autor, Akif Pirinçci, zu einer Entschädigungszahlung verurteilt. Luisa Neubauer erhielt beim Prozess Unterstützung  von HateAid, die den Prozess finanzierten. Ihre Entschädigungszahlung spendet sie.

Luisa Neubauer – Betroffene von Hate Speech

17 PARTNER-SCHAFTEN ZUR ERREICHUNG DER ZIELE

Patenschaften in der Einen Welt

Leichtathletin Gina Lückenkemper beim Besuch ihres Patenkindes Anabell in Ghana

Gina Lückenkemper – Botschafterin Plan International

Frau Lückenkemper, warum engagieren Sie sich für Plan International?
GINA LÜCKENKEMPER: Weil Kinder gesund und gewaltfrei aufwachsen sollen.

Was macht diese Tätigkeit für Sie so wertvoll?
Ich bin froh, etwas zurückgeben zu können. Denn schon Kleinigkeiten können in vielen Regionen der Erde große Unterschiede machen. Davon durfte ich mich vor Ort bei einer Reise nach Ghana überzeugen. Und eine Plan-Patenschaft macht einen Unterschied für das Leben der Menschen. Schließlich wird damit nicht nur ein Kind bzw. eine Familie unterstützt, sondern eine ganze Gemeinde, ein ganzer Ort. Damit hat man mit einer Plan-Patenschaft die Chance, das Leben vieler Menschen positiv zu beeinflussen.

Welche Erlebnisse und Begegnungen haben Sie besonders geprägt?
Zu sehen, welche vermeintlich einfachen Dinge, die in unserem Leben selbstverständlich sind, für einen großen Unterschied im Leben der Menschen sorgen können. Allein der freie und uneingeschränkte Zugang zu sauberem Trinkwasser hat einen wahnsinnigen Einfluss auf das Leben dort und vor allem auch auf die Bildung von jungen Mädchen. Denn häufig sind es die Mädchen, die das Wasser für ihre Familien holen müssen. Durch die Tagesmärsche zu den Wasserstellen verpassen sie wertvolle Zeit in der Schule, darunter leiden ihre Bildung und in der Folge ihre Zukunftschancen.

Plan International in Zahlen

Plan ist aktiv

\# seit 1937
\# in 55 Ländern in Afrika, Asien und Lateinamerika
\# in 57 251 Partnergemeinden

Patenschaften

\# weltweit: 1,18 Millionen
\# Deutschland: 353 149
  (größte Organisation ihrer Art in Deutschland)

Verwendung der Mittel

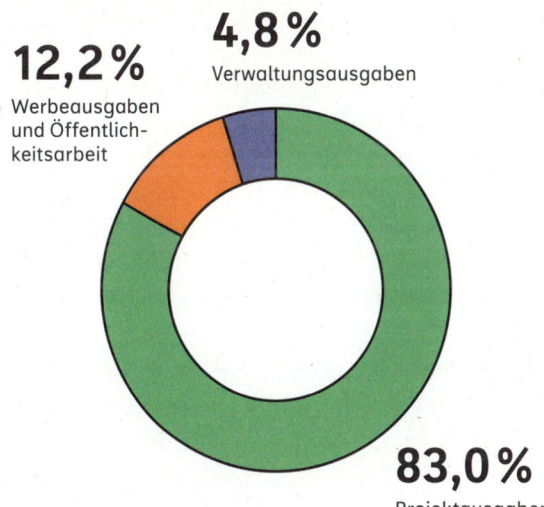

12,2 %
Werbeausgaben und Öffentlichkeitsarbeit

4,8 %
Verwaltungsausgaben

83,0 %
Projektausgaben

Quelle: https://www.plan.de/fileadmin/website/05._Ueber_uns/PDF/Jahresbericht_2020.pdf#Jahresbericht-2020

SDG-Index Ghana (2021)

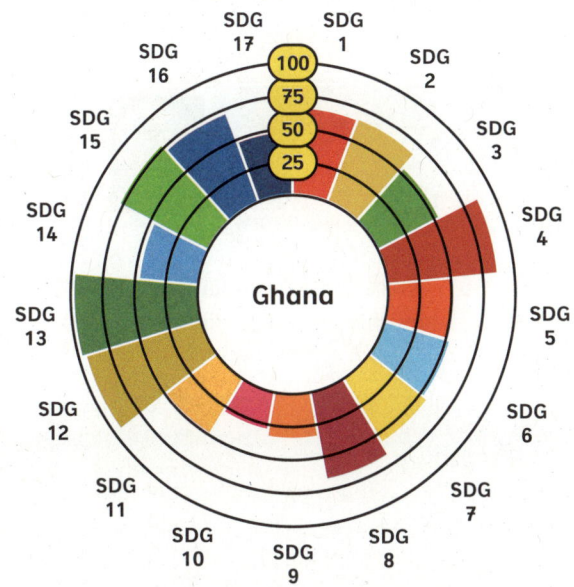

Quelle: SDG-Index Dashboard (https://dashboards.sdgindex.org/static/profiles/pdfs/SDR-2021-ghana.pdf)

#WirRecherchieren

Recherche-Strategie: Kritisch hinterfragen
Frau Lückenkemper, wie können Schülerinnen und Schüler eine Nichtregierungsorganisation (NGO) finden, die sich wirklich im Sinne der SDGs und insbesondere im Sinne von SDG 17 engagiert?
GINA LÜCKENKEMPER: Sie sollten sich über die Organisation und deren Projekte gut informieren und schauen, ob die Projekte auch auf Nachhaltigkeit ausgelegt sind. Also ob zum Beispiel einfach nur Brunnen gebaut werden oder ob auch die Menschen vor Ort weitergebildet oder noch besser ausgebildet werden, um ihre Brunnenanlagen bei Problemen selbst reparieren und später auch selbst bauen zu können. Findet man dazu keine oder nur sehr vage Informationen, dann sollte man einfach per E-Mail oder telefonisch nachfragen.

Filmtipp
Congo Calling
Ein Dokumentarfilm über drei Menschen aus Europa, die in der D. R. Kongo versuchen, Entwicklungszusammenarbeit zu leisten.

Achtung! Fake!
SAIH Norway: Radi-Aid for Norway
SAIH Norway ist eine Solidaritätsorganisation für Studierende, Akademikerinnen und Akademiker in Norwegen. Sie sehen Bildung als Schlüssel für eine positive Veränderung der Gesellschaft an. Mit ihren Radi-Aid-Spots weist SAIH Norway auf oft verwendete Klischees hin:

\# Africa For Norway – New charity single out now!

\# The Radi-Aid App: Change A Life With Just One Swipe

\# Who Wants To Be a Volunteer?

\# Let's Save Africa – Gone Wrong

#WirEntwickelnIdeen

Fairtrade School

© Fairtrade Deutschland e. V.

\# über 800 Fairtrade Schulen in Deutschland
\# sehr umfangreicher Ideenpool auf der Homepage, darunter auch Social Media Aktionen
\# zahlreiche Events und Austauschmöglichkeiten

Kindernothilfe
Globale Projekte, Patenschaften, Wettbewerbe und Aktionen
https://www.kindernothilfe.de/

UNESCO-Projektschulen

Organisation der Vereinten Nationen für Bildung, Wissenschaft und Kultur

UNESCO-Projektschulen
Bundeskoordination
Deutsche UNESCO-Kommission

\# über 300 UNESCO-Projektschulen in Deutschland, weltweit über 11 500 Projektschulen in 182 Ländern
\# viele Materialien und Anregungen auf der Homepage

\# Ziel: Zusammenleben lernen in einer pluralistischen, kulturell vielfältigen und nachhaltigen Welt

#WirHANDELN!

#WirEntwickelnIdeen

weltwärts – ein Schritt weiter

globale Zusammenhänge erleben und verstehen
Engagement zur Erreichung der 17 Ziele für nachhaltige Entwicklung
Begegnungen abseits der Touristenpfade
staatliche Förderung und zivilgesellschaftliche Initiativen
Qualität und Sicherheit
https://www.weltwaerts.de/de/startseite.html

CHAT der WELTEN

»Miteinander statt übereinander reden« – das ist das Motto von »CHAT der WELTEN«. Dabei tauschen sich Schulklassen in Deutschland mit Menschen in Asien, Afrika und Lateinamerika aus. So können sie ihre Rolle in der globalisierten Welt besser verstehen.

Beispiele unter:
#ChatDerWelten

Schulpatenschaften

Eine lohnende Übersicht zu Einrichtungen, die Partnerschaften zwischen Schulen aus dem Globalen Norden und dem Globalen Süden unterstützen, findet sich beim Portal Globales Lernen.

#WirSchließenUnsZusammen

Wichtige Akteursgruppen

Organisationen für Patenschaften im Globalen Süden (z. B. Plan International, SOS-Kinderdörfer, Worldvision)
NGOs mit Schwerpunkt Globaler Süden (z. B. Ärzte ohne Grenzen, Brot für die Welt, Misereor, Oxfam, terre des hommes, UNICEF, Welthungerhilfe, Kindernothilfe)
Kooperationen von Organisationen (z. B. Aktion Deutschland hilft – Bündnis deutscher Hilfsorganisationen, Bündnis Entwicklung hilft)
Bildung trifft Entwicklung – Ziel: globale Zusammenhänge in den Lebenswelten der Lernenden in der Schule erfahrbar macht (u. a. CHAT der WELTEN, Junges Engagement)
Engagement Global
BMZ – Bundesministerium für wirtschaftliche Zusammenarbeit und Entwicklung
Politikerinnen und Politiker – vor Ort, auf Landesebene und national im Bundestag
Wissenschaft – Expertinnen und Experten für den Überblick
Medien/Presse
Influencerinnen und Influencer
Menschen vor Ort mit Migrationshintergrund aus dem Globalen Süden

#WirHANDELN!

Frau Lückenkemper, was raten Sie Schülerinnen und Schüler für das Handeln im Sinne von SDG 17?

GINA LÜCKENKEMPER: Am Ende kann jede Kleinigkeit helfen und für andere Menschen im positiven Sinn einen großen Unterschied in ihrem Leben machen. Ein Tipp: Viele NGOs betreuen größere Projekte, für die sie Spenden sammeln. Hier zählt jeder noch so vermeintlich kleine Beitrag. Auch mit vielen kleinen Spenden kann eine große Wirkung erzielt werden.

Die Aufklärungsarbeit muss weiter intensiviert werden. Es muss klar werden, dass wir weltweit davon profitieren, wenn die Umsetzung der Weltnachhaltigkeitsziele konsequent weiterverfolgt wird. Je mehr Menschen dafür sensibilisiert werden, desto eher können humane Grundrechte für alle wie Frieden, Zugang zu sauberem Wasser und Nahrung oder Bildung erreicht werden.

#WirWerdenNeugierig

Wie macht man die 17 SDGs berühmt? Diese Frage stellte sich Chris Martin, Sänger der Band Coldplay 2015. Seine erste Idee: die Ziele so populär wie möglich zu machen – mithilfe von prominenten Menschen. So entstand die Idee, Mitorganisator der Global Citizen Festivals zu werden – und zwar für die nächsten 15 Jahre bis zum Jahr 2030. Das entspricht genau der Zeitspanne, die sich die Vereinten Nationen für das Erreichen der SDGs gesetzt haben. Warum hat sich Coldplay ausgerechnet für Global Citizen entschieden? Dort haben alle die Gelegenheit mitzumachen, alle NGOs, die Politik, die Unternehmen und – ganz wichtig – wir alle.

#WirLernenDazu

»Sei dabei und verändere die Welt!« Global Citizen setzt sich für das Erreichen der SDGs ein – und alle können mithelfen! Melde dich in der Global Citizen App oder unter globalcitizen.org/de/ an, werde aktiv und sammle Punkte, indem du an Aktionen teilnimmst. Versende E-Mails oder Tweets, unterschreibe Petitionen oder tätige Aufrufe. Die Aktionen richten sich an Staats- und Regierungschefinnen und -chefs, Unternehmen sowie Entscheidungsträgerinnen und -träger. Sobald du genug Punkte gesammelt hast, kannst du diese einlösen, um an Verlosungen teilzunehmen. Als Preise gibt es unter anderem Tickets für Konzerte und spezielle Global Citizen Events.

Einsatz für alle 17 SDGs – Global Citizen

#WirRecherchieren

Global Citizen Festivals (u. a. Global Citizen Live 2021)
Sustainability: Music of the Spheres World Tour (https://sustainability.coldplay.com)

#WirSchließenUnsZusammen

Engagierte und Interessierte aus der Politik, aus der Gesellschaft, von NGOs, aus der Medienbranche, aus der Wirtschaft, aus dem Sport, von unserer und anderen Schulen. Für die 17 Sustainable Development Goals brauchen wir viele – egal, welchen Alters, Religion, Herkunft etc.

#WirEntwickelnIdeen

Social Media-Aktionen von Global Citizen
Bekanntmachung der SDGs via Social Media
Downloadmaterialien von 17ziele.de
   für Plakate, Postkarten, Folien, T-Shirts, Schablonen oder Bierdeckel

#WirHANDELN!

Wir bilden Netzwerke zur lokalen Umsetzung der SDGs.
Wir bringen Menschen aus verschiedenen Bereichen wie Politik, Wirtschaft, Gesellschaft, NGOs etc. zusammen, um uns als Team gemeinsam langfristig zu engagieren.
Wir veranstalten ein Event zur Bekanntmachung und Umsetzung der SDGs.
   Global Citizen Festival im lokalen Format – gemeinsam setzen wir ein Zeichen!

Coldplay beim Global Citizen Festival in New York am 26. September 2015 – einen Tag nach der Verabschiedung der SDGs

westermann GRUPPE

© 2022 Westermann Bildungsmedien Verlag GmbH, Georg-Westermann-Allee 66, 38104 Braunschweig
www.westermann.de

Druck A^2 / Jahr 2022
Alle Drucke der Serie A sind im Unterricht parallel verwendbar.

Die Seiten dieses Produkts bestehen zu 100 % aus Altpapier.

Damit tragen wir dazu bei, dass Wald geschützt wird, Ressourcen geschont werden und der Einsatz von Chemikalien reduziert wird. Die Produktion eines Klassensatzes unserer Arbeitshefte aus reinem Altpapier spart durchschnittlich 12 Kilogramm Holz und 178 Liter Wasser, sie vermeidet 7 Kilogramm Abfall und reduziert den Ausstoß von Kohlendioxid im Vergleich zu einem Klassensatz aus Frischfaserpapier. Unser Recyclingpapier ist nach den Richtlinien des Blauen Engels zertifiziert.

Redaktion: Christine Wenzel
Umschlag, Layout und Satz: Studio Grau, Berlin
Druck und Bindung: Westermann Druck GmbH, Georg-Westermann-Allee 66, 38104 Braunschweig

ISBN 978-3-14-**100906**-4